思想觀念的帶動者

文化現象的觀察者

本土經驗的整理者

生命故事的關懷者

MentalHealth

黑暗來襲，風暴狂飆，讓生命承載著脆弱與艱辛

猶如汪洋中一塊浮木，飄向無盡混沌迷霧

勇敢接受生命中的不完美，視為珍寶禮物

懷著信心、希望與愛，重燃生命，點亮靈魂！

著————丘彥南

跟孩子
更親近

親子關係的淬煉與成長

臺大醫師到我家
MentalHealth (014)
精 神 健 康 系 列

不比較、不求完美，父母放手，孩子開心；
帶著接納、同理、包容，親子關係海闊又天空！

【總序】

視病如親的具體實踐

高淑芬

　　我於2009年8月，承接胡海國教授留下的重責大任，擔任臺大醫學院精神科、醫院精神醫學部主任，當時我期許自己每年和本部同仁共同完成一件事，而過去四年已完成兩次國際醫院評鑑（JCI），國內新制醫院評鑑，整理歷屆主任、教授、主治醫師、住院醫師、代訓醫師於會議室的科友牆，近兩年來另一件重要計畫是策劃由本部所有的主治醫師親自以個人的臨床經驗、專業知識，針對特定精神科疾病或主題，撰寫供大眾閱讀的精神健康保健叢書，歷經策劃兩年，逐步付梓，從2013年8月底開始陸續出書，預計2016年完成全系列十七本書。

　　雖然國內並無最近的精神疾病盛行率資料，但是由世界各國精神疾病的盛行率（約10～50%）看來，目前各

種精神疾病的盛行率相當高，也反映出維持精神健康的醫療需求量和目前所能提供的資源是有落差。隨著全球經濟不景氣，臺灣遭受內外主客觀環境的壓力，不僅個人身心狀況變差、與人互動不良，對事情的解讀較為負面，即使沒有嚴重到發展為精神疾病，但其思考、情緒、行為的問題，可能已達到需要尋求心理諮商的程度。因此，在忙碌競爭的現代生活，以及有限的資源之下，這一系列由臨床經驗豐富的精神科醫師主筆的專書，就像在診間、心理諮商或治療時，可以提供國人正確的知識及自助助人的技巧，以減少在徬徨無助的時候，漫無目的地瀏覽網頁、尋求偏方，徒增困擾，並可因個人問題不同，而選擇不同主題的書籍。

即使是規律接受治療的病人或家屬，受到看診的時間、場合限制，或是無法記得診療內容，當感到無助灰心時，這一【臺大醫師到我家‧精神健康系列】叢書，就像聽到自己的醫師親自告訴你為什麼你會有困擾、你該怎麼辦？透過淺顯易懂的文字，轉化成字字句句關心叮嚀的話語，陪伴你度過害怕不安的時候，這一系列易讀好看的叢書，不僅可以解除你的困惑，更如同醫師隨時隨地溫馨的叮嚀與陪伴。

此系列叢書最大的特色是國內第一次全部由臺大主治醫師主筆，不同於坊間常見的翻譯書籍，不僅涵蓋主要的精神疾病，包括自閉症、注意力不足過動症、早期的精神分裂症、焦慮症、失智症、社交焦慮症，也討論現代社會關心的主題，例如網路成癮、失眠、自殺、飲食、兒童的情緒問題，最後更包括一些新穎的主題，例如親子關係、司法鑑定、壓力處理、精神醫學與遺傳基因。本系列叢書也突顯臺大醫療團隊的共同價值觀——以病人為中心的醫療，和團隊合作精神——只要我們覺得該做的，必會團結合作共同達成；每位醫師對各種精神疾病均有豐富的臨床經驗，在決定撰寫主題時，大家也迅速地達成共識、一拍即合，立即分頭進行，無不希望盡快完成。由於是系列叢書，所以封面、形式和書寫風格也需同步調整修飾，大家的默契極優，竟然可以在忙於繁重的臨床、教學、研究及國際醫院評鑑之時，順利地完成一本本的書，實在令人難以想像，我們都做到了。

　　完成這一系列叢書，不僅要為十六位作者喝采，我更要代表臺大醫院精神部，感謝心靈工坊的總編輯王桂花女士及其強大的編輯團隊、王浩威及陳錫中醫師辛苦地執行編輯和策劃，沒有他們的耐心、專業、優質的溝通技巧及

時間管理，這一系列叢書應該是很難如期付梓。

　　人生在世，不如意十之八九，遇到壓力、挫折是常態，身心健康的「心」常遭到忽略，而得不到足夠的了解和適當的照顧。唯有精神健康、心智成熟才能享受快樂的人生，臺大精神科關心病人，更希望以嚴謹專業的態度診療病人。此系列書籍正是為了提供大眾更普及的精神健康照護而產生的！協助社會大眾的自我了解、回答困惑、增加挫折忍受度及問題解決能力，不論是關心自己、孩子、學生、朋友、父母或配偶的身心健康，或是對於專業人士，這絕對是你不可或缺、自助助人、淺顯易懂、最生活化的身心保健叢書。

【主編序】

本土專業書籍的新里程

王浩威、陳錫中

　　現代人面對著許多心身壓力的困擾，從兒童、青少年、上班族到退休人士，不同生命階段的各種心身疾患和心理問題不斷升高。雖然，在尋求協助的過程，精神醫學的專業已日漸受到重視，而網路和傳統媒體也十分發達，但相關知識還是十分片斷甚至不盡符實，絕大多數人在就醫之前經常多走了許多冤枉路。市面上偶爾有少數的心理健康書籍，但又以翻譯居多，即使提供非常完整的資訊，卻也往往忽略國情和本土文化的特性和需求，讀友一書在手，可能難以派上實際用途。

　　過去，在八〇年代，衛生署和其他相關的政府單位，基於衛生教育的立場，也曾陸續編了不少小冊式的宣傳品。然而，一來小冊式的內容，不足以滿足現代人的需

要：二來，這些政府印刷品本身只能透過分送，一旦分送完畢也就不容易獲得，效果也就十分短暫了。

於是整合本土醫師的豐富經驗，將其轉化成實用易懂的叢書內容，成為一群人的理想。這樣陳義甚高的理想，幸虧有了高淑芬教授的高瞻遠矚，在她的帶領與指揮下，讓這一件「對」的事，有了「對」的成果：【臺大醫師到我家・精神健康系列】。

臺大醫院精神醫學部臥虎藏龍，每位醫師各有特色，但在基本的態度上，如何秉持人本的精神來實踐臨床的工作是十分一致的。醫師們平時為患者所做的民眾衛教或是回應診間、床邊患者或家屬提問問題時的口吻與內容，恰好就是本書系所需要的內涵：盡可能的輕鬆、幽默、易懂、溫暖，以患者與家屬的角度切入問題。

很多人都是生了病，才會積極尋求相關資訊；而在尋尋覓覓的過程中，又往往聽信權威，把生病時期的主權交託給大醫院、名醫師。如果你也是這樣的求醫模式，這套書是專為你設計：十七種主題，案例豐富，求診過程翔實，醫學知識完整不艱澀，仿如醫師走出診間，為你詳細解說症狀、分享療癒之道。

編著科普類的大眾叢書，對於身處醫學中心的醫師們

而言，所付出的心力與時間其實是不亞於鑽研於實驗室或科學論文，而且出書過程比預期的更耗工又費時，但為了推廣現代人不可不知的心身保健的衛教資訊，這努力是值得的。我們相信這套書將促進社會整體對心身健康的完整了解，也將為關心精神健康或正為精神疾患所苦的人們帶來莫大助益。

這樣的工作之所以困難，不只是對這些臺大醫師是新的挑戰，對華文的出版世界也是全新的經驗。專業人員和書寫工作者，這兩者角色如何適當地結合，在英文世界是行之有年的傳統，但在華文世界一直是闕如的，也因此在專業書籍上，包括各種的科普讀物，華人世界的市面上可以看到的，可以說九成以上都是仰賴翻譯的。對這樣書寫的專門知識的累積，讓中文專業書籍的出版愈來愈成熟也愈容易，也許也是這一套書間接的貢獻吧！

這一切的工程，從初期預估的九個月，到最後是三年才完成，可以看出其中的困難。然而，這個不容易的挑戰之所以能夠完成，是承蒙許多人的幫忙：臺大醫院健康教育中心在系列演講上的支持，以及廖碧媚護理師熱心地協助系列演講的籌劃與進行；也感謝心靈工坊莊慧秋等人所召集的專業團隊，每個人不計較不成比例的報酬，願意投

入這挑戰；特別要感謝不願具名的黃先生和林小姐，沒有他們對心理衛生大眾教育的認同及大力支持，也就沒有這套書的完成。

這是一個不容易的開端，卻是讓人興奮的起跑點，相信未來會有更多更成熟的成果，讓醫病兩端都更加獲益。

【自序】

淬煉、覺察、感恩、成長
──獻給含辛茹苦的父母們以及 親愛的孩子們

丘彥南

承傳的生命密碼巧妙轉譯 絲絲銜接
共同的生活記憶存留底蘊 時時溫潤

前些日子，正當本書文稿最後整理的階段，友人之父過世，於悼念感懷的書信往返中，我寫下這詞句。

回顧自身的成長，於臺大醫學系畢業服完兵役後，即踏入臺大醫院精神醫學專業領域學習，迄今已過了三十二個年頭，踏入兒童青少年精神醫學次專科領域也有二十八年。在醫院服務這一萬多天的日子裡，相當多的時間都需要與求診的孩子及父母們會談，透過與家庭成員的共同合作來協助他們。因此有許多機會了解不同的家庭，體會各個家庭的艱辛、傷痛、糾結、困頓、依戀、期待、真摯之

情、歡樂……。在與這些家庭一起工作的過程中，我的內心也不斷經歷無奈、悲傷、惋惜、驚嘆、感佩……種種刻骨銘心的感應。

長久以來，在我們的社會文化裡，家，對一個人成長的重要性是不在話下的，而其中親子的關係更是關鍵！親子關係是人在社會中的成長基石，也是種種幸福感、苦樂、創傷、矛盾的源頭，在心理治療及親職諮商中，往往是重大議題的核心。在我與求診的孩子們及他們的家庭協力過程中，有成功的經驗、失敗的經驗，有歡愉鼓舞的悸動，也有乏力的失落時刻。我感恩的是，在這淬煉的過程中，有許多專業的研習與文獻幫助我成長，不少孩子們與其家庭帶給我寶貴的啟發及鼓勵，教學相長的機會讓我思考求進，促使我擁有更成熟的動力與孩子們及他們的家庭一起工作。

苦痛、不足與不如意乃人生之常，不自覺地陷入文化及社會制度的枷鎖與泥淖更是必然。這本書裡，我嘗試將所學與驗證到的內容加以整理，盡量以平易的文字表達，雖然沒有特殊的創見，卻是我與許多家庭或個人共同工作的珍貴見證與體驗，用以回饋自出生以來所受的種種恩賜。希望這樣的分享，對受困於親子糾結的人們能相濡以

沫，裨益於自覺成長、相互體諒及超越苦痛，對關心親子關係與家庭成長者及心理與精神相關專業領域的初學者也有參考價值。

藉此隅特別感謝直接豐富我生命歷程，且對本書的孕育具有不同貢獻的貴人：一直陪我成長的父母、姊姊、太太、兒女；兒時一同玩泥巴、戲水、打彈珠、瘋棒球的社區玩伴；各個求學階段身教關愛的老師；高中住宿於耶穌會臺南百達學生中心時的先後期主任——遠自西班牙來，而全心奉獻給臺灣青年的袁國柱神父與宣國榮神父，以及同年與前後各屆熟識的會友；大學時期的同班好友及社會服務社團的親愛團友；關愛而且惠我良多的臺大精神醫學部老師、切磋扶持的師兄弟姊妹、合作互助的相關專業領域的同仁，尤其是我的兒童青少年精神醫學啟蒙老師徐澄清教授、為我在兒童青少年精神醫學與個別心理治療打下紮實基礎的宋維村院長、家族及團體治療的特別督導陳珠璋教授；1991年在倫敦大學／精神醫學研究院／兒童健康研究院Michael Rutter教授及Philip Graham教授主持的「兒童青少年精神醫學」研修課程中教導的老師，尤其是我的二位個別督導老師——Dr. Anula Nikapota 及 Dr. Roy Howarth；教學相長的後進們；在醫院及社區中有緣結識

共處的孩子們、家長們及友人們。

本書的出版完全仰賴臺大醫院精神醫學部與心靈工坊文化事業的合作。衷心感謝精神醫學部主任高淑芬教授主持本系列書籍的計畫、主編王浩威醫師與陳錫中醫師的總策畫；總編輯王桂花女士、主編黃心宜女士領導編輯群完成嚴謹精心的文字與美術編輯，以及莊慧秋女士在資料蒐集、文稿統整與文字呈現上特別用心費時的襄助。

目　錄

【前言】

親子關係的繫鈴與解鈴

現代人的日常生活中，總難免面對許多壓力和苦惱，甚至在心裡埋藏了許多創痛與癥結。其中，最常見的就是親子間的糾結。

身為兒童精神科醫師，數十年來，我在診間曾與許多家庭相遇。不論孩子就診的主訴病徵是學習上的困難、情緒上的煩躁，或是行為方面的問題，背後往往纏繞著錯綜程度高低不等的親子糾結。

因此，每當憂心忡忡的父母帶著孩子前來，我很自然地會先從眼前的親子互動開始了解——他們怎麼相處、怎麼講話、怎麼溝通——這都是在診斷評估與治療過程中，很重要而需要銘記在心的。

記得有一位罹患強迫症的少年，內心充滿不安，許多

事情若不重複做就不放心。例如準備明天上學用的書包和
文具、出門要穿哪些衣服、洗手、鎖門、摺棉被，已經重
複做了五次、十次，仍是不放心，還要再檢查一次。讀書
的時候也是如此，盯著一頁課本反覆地讀，連續看半個小
時、一個小時，怎麼也讀不完，根本無法進展到下一頁，
造成學習上很大的困擾。

　　這個病症，是他上國中之後才出現的。少年個性很乖
巧認真，小學時代很單純，老師教什麼他就記什麼，品學
兼優，以全班學業成績第一名畢業。上了國中以後，課業
份量加重，他一直唸一直唸，卻老是唸不完，逐漸出現了
強迫症的症狀，緊張到睡不著覺，成績也不斷滑落，長期
下來，身心都很痛苦，最後覺得撐不下去，只好休學。

　　他家裡的親子關係算是很不錯的，父母從沒要求他要
考第幾名，只告訴他唸書只要盡力就好。這樣聽起來很合
理啊，為何他的壓力會這麼沉重呢？

　　原來，問題就出在「盡力」兩個字。

　　「盡力」是一個主觀的概念，每個人的詮釋可能不
完全一樣。有人覺得，只要認真努力做到某個標準，就夠
了，例如老師出的作業都寫完了，或每天課後唸二小時的
書，或是成績及格等等。有的人覺得只要唸書唸到有一

點累，就已很「盡力」了；有的人則很隨意，標準變來變去，看當天的心情而定。但是這個孩子腦袋裡的認知，所謂「盡力」就是「竭盡所能、用盡所有力氣」去做，做到筋疲力竭才算數。

他是聽話且乖順的孩子，很想要符合父母的期望，卻從來沒問過父母，他們觀念中「盡力」的意思或標準是什麼，也沒有告訴父母自己對「盡力」是這樣的詮釋。只是矇著頭一股腦地「盡力」，太過認真到把自己逼出病來。

我們透過認知行為治療，幫助孩子修正觀念，協助他放鬆，建立更有效率的學習方法，改善了他的病情。這個案例提醒我們，家庭需要在親子之間促進良好的雙向溝通，減少這類不必要的扭曲和誤解，以免在無意間添加了壓力。

還有一個案例，是一個注意力不足過動症的孩子。我很快地發現，他的情緒行為症狀時好時壞，其實跟媽媽有很大關係。

跟媽媽進行會談之後，媽媽承認：這個孩子的表現經常讓她抓狂，她氣不過的時候，就無法控制情緒，會憤怒失控地打罵孩子，事後又懊悔不已。母子之間的衝突就這樣不斷反覆上演。

　　過動兒的父母確實比較辛苦，這是疾病的考驗，再
加上外界眼光的壓力，別人不了解情況，往往會指指點
點，甚至責怪她「怎麼把孩子養成這樣子，一點規矩也沒
有」，讓她羞愧不已，百口莫辯。

　　但這位媽媽在委屈之餘，也相當地自責。她當初在
懷孕期間，曾經因為貪嘴而吃壞肚子，病懨懨躺在床上好
幾天。她一直自責，覺得孩子的過動症跟她懷孕期間吃壞
肚子有關。這是她心中長期的痛，卻從沒跟別人提起。每
次孩子一直動來動去、不專心吃飯或寫功課、吵鬧、亂講
話、頂嘴、不聽話時，她都努力地克制脾氣，但有時候受
不了，一怒之下就狠狠把孩子痛揍一頓。她很氣孩子，也
很氣自己，內心充滿無奈，多年來陷入這樣的困境，也不
敢向任何人訴說。

　　了解這位媽媽的心理癥結之後，我告訴她，懷孕期胃
口改變、很想吃或突然不想吃某些東西，是很正常的生理
現象，沒有必要責怪自己吃壞肚子這件事。孩子罹患過動
症跟她在懷孕期吃壞肚子無關，這是造物主的設計，或者
說是上帝的決定，不是父母能夠選擇或控制的。我們要學
習的是，真心接納孩子真實的樣貌，欣賞他的優點並包容
他的弱點，以引導及鼓勵來取代打罵，以正向的態度來幫

助他接受治療。

　　媽媽釋放了心中的糾結，學會原諒自己之後，母子關係明顯改善。她放下緊繃的焦慮，轉而以溫暖輕鬆的態度來支持和理解孩子，孩子的情緒行為症狀也隨之改善。

　　從這兩個例子可以看出，在診間裡，醫師除了治療疾病，還要扮演親子之間的橋梁，幫助父母更了解孩子、接納孩子。

　　有些父母其實內心也帶著童年的創傷，他們不是不愛孩子，卻不知道如何去愛，只會以自己熟悉的想法和行為模式來進行教養，因而造成了親子之間的衝突與隔閡。這時候，需要幫助父母療癒過去的傷口，學會以健康的愛來對待孩子，親子關係就能得到正向的轉機。

　　除此之外，現代社會的生活壓力，對親子關係也帶來很多挑戰。

　　例如很多家庭是雙薪家庭，父母又要工作又要照顧孩子，忙碌不堪；教育制度變來變去，讓父母焦慮萬分；離婚率的升高，以及再婚家庭的重組，為親子關係帶來很多衝擊；網路世代的來臨，讓父母的權威角色遭遇巨大的衝擊；還有精神疾病的考驗，如過動症、自閉症、焦慮症、憂鬱症、厭食症、拒學症等，不管原因為何，對父母來

說，都是一場辛苦的歷程。

然而，不論社會文明如何變遷，親子關係對每個家庭、每個人的重要性永遠都不會改變。

親子關係是一個人從出生到死亡，無法選擇、也無法逃避的一種親密連結，是所有人際關係的基礎，也是每個人學習「愛」的第一個溫床。良好的親子關係，不但讓孩子可以健康快樂成長，父母也能夠從養兒育女的過程中，得到深刻的滿足與幸福。親子之間的依戀關係若是存在困擾的癥結，則可能影響終生。

解鈴與繫鈴間存在許多的奧祕，要解決代間的衝突和癥結，人人需要站在健康愛及善念體諒的基礎上去改善和處理，心理治療也是重要的協助方式之一。

希望透過這本小書，可以幫助讀者了解親子之愛的重要性，減少彼此間的誤解與糾結，不要互相責怪，而是學習彼此溝通，讓親子之間可以更親近，促進家庭的和樂。

【第一章】

親子關係的過與不及

父母童年經驗會影響教養孩子的態度，
而施暴與寵溺是親子關係天秤上的兩個極端。

從兒童受虐談起

2015年7月，在一週內接連發生五起重大的兒童受虐案件，且有四位兒童受虐死亡，年齡都在兩歲以下，震驚全國。

2015年6月，也有兩則讓人痛心的兒虐新聞：

在桃園，一位二十歲的年輕母親為了奶粉錢跟先生爭吵，一氣之下，居然將三個月大的兒子丟入龍潭大池中，幸好三位路過民眾趕緊跳入池中搶救，緊急送醫，才挽回男嬰生命。

同一天在花蓮，一位年僅三歲的女童，因為受到母親的堂姊及其同居人的肢體虐待，不幸傷重死亡。

再稍早的3月份，宜蘭一位單親媽媽為了管教小學六年級的兒子，竟用繩子將兒子綁住，並用尖嘴鉗夾住他的手臂和背部，導致瘀青、流血。經過社工的輔導和勸解，過兩天又怒氣發作，用木製梳子責打兒子，男童不堪痛楚，逃到警局報案，終於得到保護。

每次看到這一類新聞，想到脆弱而無辜的孩童受到大人們的傷害，心中總是不忍。

本書的主題是關於親子關係，我想，就從最複雜的情

況——兒童受虐事件談起。

兒童受虐的發生，可以說是親子關係嚴重不足、亮起警戒紅燈的扭曲狀態。

多年來，我一直參與救援受虐兒的社會服務工作。因為保護兒童的身心健康，防止兒童受虐或置身於暴力環境中、或在不合宜的環境中成長，是大人責無旁貸的工作。

根據衛福部統計，2014年受虐兒少人數共有一萬一千五百八十九人，平均每天有三十二位兒童遭受虐待，其中有將近四分之一（22.6%）是六歲以下的幼兒。至於虐待的方式，除其他非特定形式類別外，以身體的暴力虐待最多，其次是性虐待，精神虐待占第三位，嚴重疏忽占第四位。

但這些只是接獲通報的案件，實際上的受虐兒人數可能更多。例如近兩年來，受虐兒嚴重傷亡案件共二十九件，其中三分之二（十九個案件）在過去並沒有任何通報紀錄。表示這些孩子可能默默受虐，卻一直無人知曉，直到悲劇發生。

根據家扶基金會提供的數據，在我們社會裡，平均每月有一點四名兒童因為受到虐待或疏於照顧而死亡。這些沒有機會長大的孩子，平均年齡只有四點四歲。

　　政府近年來努力推動「六歲以下兒童主動關懷方案」
及「高風險家庭關懷方案」等措施，但是學齡前的「小小
孩」尚未進入校園系統，若有受虐狀況，外界並不容易察
覺，等到被發現而通報時，有許多情況已經很嚴重，讓人
不勝唏噓。

　　更令人難以置信的是，這些施虐者有八成以上是親近
的家人，其中大多數是父母親！

保護兒童是全世界的共同目標

　　兒童的生命稚嫩脆弱，必須仰賴大人才可存活。然而，並不是每個孩子都能得到快樂和幸福。在人類歷史上，孩童遭受虐待並不是新鮮事，很多大人都認為，以謾罵和責打管教孩子是理所當然的。

　　直到二十世紀七〇年代之後，兒童受虐的現象才引起人們高度關切，相關的兒少保護法令也在多國通過頒布。

　　1959年，聯合國大會通過「兒童權利宣言」。1989年，聯合國進一步通過「兒童權利公約」。臺灣雖然於1962年在兒童福利法中明訂「不得虐待兒童」，但卻缺乏任何配套措施，直到1989年修訂的「少年福利法」以及1993年修訂的「兒童福利法」，才開始有具體之執行法規，然而周延性尚有不足。1995年，我國向國際社會宣示，願意遵守聯合國「兒童權利公約」，維護兒少權益，2003年通過將「兒童福利法」與「少年福利法」合併為「兒童與少年福利法」，並於2011年更名為「兒童及少年福利與權益保障法」。

　　然而，進入二十一世紀之後，兒童虐待的案例不但沒有減少，反而與日俱增，世界各地皆然。

　　以美國為例，根據統計，全美各地的兒童保護機構每年接獲兒虐案件共有將近一百萬件，其中至少有一千五百位兒童因為虐待或疏忽而死去，平均每週有二十七位受虐兒無辜喪生。這只是冰山一角，因為有更多家庭內的虐待事件並沒有受到通報。

　　在日本，根據警察廳統計，2014年由警方通知兒童求助中心支援的受虐兒共有二萬八千九百二十三位，比往年增加33%。其中可能遭遇生命危險等緊急情況而受到警方保護的兒童有二千零三十四人，比往年增加9.6%。

　　近幾年，為了保護下一代的安全和福祉，世界各國紛紛推動「兒童青少年保護法」，呼籲社會大眾注意兒少虐待的問題。

　　美國國會在2011年7月特別召開聽證會，召集各方專家討論如何避免兒少虐待的悲劇發生。2012年2月，根據美國疾病控制與預防中心（Centers for Disease Control and Prevention, CDC）公布的數據顯示，美國政府花費在虐童案上的財政支出，高達一千二百四十億美元，主要花費在受虐兒的醫療、福利、教育、司法等方面。

　　2015年6月2日，聯合國兒童基金會發布最新研究報告，指出虐待兒童事件每年給亞太地區造成的經濟損

失高達二千零九十億美元，相當於該地區國民生產總值
（GDP）的2%。這些損失包括加重醫療系統的負擔、導
致殘疾和死亡、增加暴力和犯罪率等。

　　這項研究還指出，在中低收入國家，35％男孩曾被身
體虐待，22％女孩曾被性虐待；在高收入國家，32％男孩
曾目睹家庭暴力，42％女孩曾經遭遇精神虐待。這些童年
受虐的經驗，跟成年後的精神障礙有顯著的關聯。

受虐兒與精神疾病的關係

父母是孩子生命中最依賴的人，也是最重要的認同
對象。當父母對孩子施暴，不管是身體虐待或心理上的折
磨，因為孩子年紀小，不能理解也無法逃脫，只能被迫忍
受一切痛苦。身體傷痕比較容易復原，心理上的創痛和陰
影卻可能揮之不去，伴隨一生。

早在2003年，我參與「北臺灣某育幼院受虐兒童青少
年之精神病理研究」報告，針對四十四名受虐兒童評估，
發現有四十二位（95%）達到精神疾病的臨床診斷標準，
有些孩子甚至有兩種以上的診斷，包括憂鬱症（32%）、
適應障礙症（30%）、行為規範障礙症（20%）、創傷
後壓力障礙症（20%）、注意力不足過動症（18%）、
分離焦慮症（16%）、學習障礙（14%）、社會畏懼症
（7%）、飲食障礙症（7%）、遺尿症（7%）、其他
（11%）。此外，有73%孩童出現外顯的偏差行為，如攻
擊性強、偷竊、打架、破壞物品等。

這些數據跟一般學童比較起來，很明顯高出許多，而
且在這些受虐孩子中，智能不足的比例也偏高。

這份研究呈現出受虐兒童的複雜處境：可能某些孩子

帶有先天性的疾病（如注意力不足過動症、學習障礙、智能不足），但父母不知道，以為孩子故意調皮搗蛋、又不用功、懶散、不聽話，所以生氣地嚴加管教，若再碰到家長失業、工作壓力大、感情不順，導致情緒失控，使用暴力的機率就升高了。而父母的暴力又會引發孩子的心理壓力和創傷，導致更嚴重的精神疾病症狀。換句話說，這些孩子可能是先天條件不佳，後天又遭逢不幸的對待，讓孩子的發展狀況更加不利。

這項研究清楚提醒我們：受虐兒除了必須被保護，安置於安全穩定的環境之外，同時也必須接受精神疾病的診斷和評估。

被育幼院收容的孩子，通常是受虐情況嚴重而且家庭失去功能，屬於比較極端的特殊情況。一般的受虐兒不至於會有這麼高比例的精神疾病。但是無論如何，童年受虐的經驗絕對會在孩子的心靈中，留下不易抹滅的陰影。尤其兒童年齡愈小，愈缺乏躲避或承受創傷的自我保護能力，心理復原力亦較弱，愈需要外界的協助，這是整個社會的公共衛生及安全照護之重大課題。

一般來說，情節較輕的受虐兒只要得到妥善照顧，在友善溫暖的環境中生活一段時間，創傷和壓力症狀就會

慢慢消失，恢復健康的笑容。但是，如果出現比較嚴重的憂鬱、躁鬱、注意力不足過動、飲食障礙等狀況，就需要專業醫師的協助和治療。因此，救援受虐兒需要的是跨系統、跨領域、跨專業的合作。

衛福部於2014年10月27日宣布，在臺大醫院、林口長庚、臺大雲林分院、高醫附設中和醫院、屏東基督教醫院、花蓮慈濟等六家醫院，成立「兒少保護醫療示範中心」，設置受虐兒專責窗口，統合急診、兒科、精神科等科別與社工師及心理師共同合作，並加強醫療、社會福利、法務系統之間的互相通報和追蹤協助，希望受虐兒可以得到完整的保護與治療。然而，如何做好並持續推展這迫切需要統合的兒少保護工作，正面臨高度的考驗。

醫師小叮嚀

保護孩子是社會上每個大人的責任。如有發現虐待兒童的事件，請務必伸出援手，或打113緊急通報電話，防止孩子受到傷害。

為何父母會變成施虐者？

俗話說「血濃於水」、「虎毒不食子」，我們也常歌頌父母之愛的偉大。為什麼世界上卻有這麼多父母會忍心傷害自己的孩子呢？尤其今日的少子化時代，孩子通常都是在期待中誕生，像寶貝般被呵護著。為什麼有些父母不但沒有盡到關愛的責任，反而變成失控的虐待者，讓孩子在小小年紀，就生活在驚恐和痛苦之中？

這是一個非常複雜的問題，沒有簡單的答案。家家有本難念的經，父母會虐待自己親生的孩子，箇中有許多糾結纏繞的因素，絕對不是一句「狠心父母」就可以解釋清楚的。

根據內政部提出的統計，父母虐待孩子的主要原因，常見有下列幾種：

一、**個人病史**：父母本身因為疾病的緣故，導致情緒不穩定、有衝動或暴力傾向、思考能力扭曲、行為判斷失準，而發生毆打孩子或言語虐待的情形。

二、**當時的生活壓力**：例如父母長期處於失業狀態、經濟陷入困境，或家族內的人際衝突、或一方有外遇、或工作負擔過重，使得父母經常爭吵、情

緒不好，孩子往往就變成出氣筒。

　　美國的研究報告指出，在經濟衰退時期，虐兒案件會明顯增加。在臺灣，各縣市兒虐案件通報量與該縣市的貧窮率、失業率也呈現正相關，支持當父母面臨經濟和育兒的雙重壓力時，很容易引發負面情緒和暴力行為的論點。

三、**使用酒精或藥物**：父母長期酗酒或染有毒癮，自我的控制力降低，只要稍有不順心，就易對孩子拳打腳踢，發生虐待情事。

四、**年輕缺乏經驗**：近年來，女性平均生育年齡雖然提高，但每年仍有三千多位十五到十九歲的年輕小媽媽，她們自己都還是孩子，卻突然變成母親，可能必須面對失學、失業、單親或婚姻品質不佳等問題。這麼年輕的小媽媽，許多還沒準備好要承擔育兒的責任，缺乏親職教育的知識，社會資源比較不足，心智成熟度也不夠，當孩子吵鬧或出現問題行為時，有時不知要如何管教，或管不動孩子時，就直接施加暴力，以毒打或咒罵來制止。

五、**對孩子不實際的期待**：家長將自身的盼望與目

標，過度投射於孩子身上，例如希望孩子替爸媽或家族爭一口氣、考上好學校、贏得好名聲；或者孩子本質是聰明好動，父母卻期待他乖巧安靜，和父母的期待有所落差。若孩子達不到要求，父母就把失落的挫敗感發洩在孩子身上。

我經常碰到一些家長，很困惑地說：「我們對孩子的期待並不高啊，只希望他跟別人一樣就好了。為什麼他就是做不到？」

問題是，每個孩子的先天資質都不一樣，或許因為沒有興趣，或許因為能力的局限，他就是沒辦法跟別人一樣！如果父母不能接納孩子真正的樣子，親子間的摩擦、衝突和矛盾，將會不斷地出現。

六、**信念和歸因**：有些父母抱持著比較傳統的管教信念，例如「不打不成器」、「小孩子有耳無嘴」、「嚴格管教才可以建立權威」、「頂嘴就是不孝」、「天下無不是的父母」、「不聽話就會變壞」、「我從小也是這樣被打大的，以拳頭管教孩子有什麼不對」、「孩子是我生的，要如何管教是我的事」……，因而對孩子的態度比較

嚴厲，只要孩子犯錯，一定大力懲罰，認為這樣才是盡責的父母。若下手太重，就可能變成虐待的傷害。

還有一些父母在替衝突事件歸因時，認為都是孩子的錯：因為孩子不聽話、做錯事、不認真、太叛逆、目無尊長、到處搗蛋，或者因為另一半太縱容、太軟弱，所以自己才必須以更嚴厲的方式來管教孩子。

童年受虐經驗對心理健康的影響

　　對孩子來說，父母應該像一座大山，守護著家庭這個溫暖的港灣。但是，如果這座大山陰晴不定、烏雲罩頂，甚至經常口出惡言、拳腳相向，在孩子心中，將會累積多少的驚惶和不安？

【阿宏的故事：我的家庭真可怕】

　　阿宏今年二十五歲，但心裡一直有個黑洞，或者說一個傷疤，難以癒合。

　　他小時候住在鄉下奶奶家，有著幸福的童年時光。五歲那年，媽媽突然出現，要帶他回去上學。他還記得，小小的他緊緊扒住奶奶不放，祖孫哭成一團，卻還是硬被媽媽抱上車。從此以後，就開始了一連串的惡夢。

　　他的爸媽脾氣都不好，有一次，他大約六歲吧，被爸爸用皮帶抽打，打得全身烏青。媽媽不但不救他，還用香煙頭燙他的手，直到現在手背上還看得到那疤痕。

　　他唸小學時，家裡被倒債，經濟一落千丈，爸爸經常

不在，媽媽心情不好就打孩子出氣。掃地沒有掃乾淨、看電視沒有寫作業、忘記洗米煮飯、功課寫錯、追逐吵鬧、講錯話、東西亂丟、坐姿不正、走路駝背、害妹妹不小心跌倒……都會挨揍。

阿宏說，他不怕被打，因為已經習慣了，最可怕的是精神折磨，連讀書寫字都沒辦法專心，因為媽媽可能隨時一個巴掌呼過來，讓他常常被嚇到。所以他向來膽子很小，常被同學和老師取笑。

妹妹雖然是女生，也逃不過被揍的命運。有一次，妹妹在學校跟老師告狀，鬧得社工都來到家裡關切。但媽媽的個性是不會輕易改變的，沒多久又故態復萌……

阿宏說，他從來不知道「我的家庭真可愛」是什麼滋味。對他來說，「我的家庭真可怕」才是真相。即使現在已經長大，依然忘不了小時候的恐懼和悲傷……

　　許多研究都指出，童年受虐的孩子通常有著強烈不安全感，容易焦慮不安、畏縮、暴躁、害怕、過度討好，因而發展出不信任別人、孤立、適應力差、攻擊性、衝動、易怒、生悶氣、悲傷、絕望、消極被動、敏感、神經質、

自責、自尊心低落的個性,影響到未來的社會適應和人格成長。

此外,他們也比較容易出現學業成績不佳、人際關係困難、輟學、逃家、自殘、叛逆、違規犯紀、參加幫派、藥物濫用、飲食障礙、睡眠障礙、網路成癮、反社會等行為。

還有些孩子會出現「創傷後壓力症」,痛苦害怕的記憶反覆在心裡或夢中重現,變得過度警覺、容易受驚嚇、刻意躲避可能促發創傷記憶之情境或刺激、對外界麻木冷漠、對社會不抱希望、對未來缺乏信心,因而常有憂鬱、自殺意念、暴力傾向、人際關係困難等問題。

現代生化與功能影像學的研究已證實,兒童在長期受虐的壓力下,腦的邊緣系統(掌管記憶與情緒反應)及下視丘─腦垂體─腎上腺生理賀爾蒙回饋系統的發育和功能會受影響,腦中的杏仁核(掌管情緒反應)會萎縮且對皮質醇(cortisol)反應較不敏感,而在被收養後良好的親子關係下成長,下視丘─腦垂體─腎上腺系統的異常可以復原。這些研究結果顯示,受虐兒的心理/精神創傷反應是有生理應對的變化的,更提示我們不應輕忽虐待與疏忽對孩子的影響。

受虐兒長大之後，將變成怎樣的父母？

童年是一個人成長發展的基礎時期，如果經常遭受虐待或冷漠，形塑了負面的人格特質和行為模式，當他們長大之後，將會變成什麼樣的大人呢？更重要的是，當他們結婚生子、成立家庭之後，又會變成什麼樣的父母？過去童年的陰影，如果沒有經過適當的治療和處理，是否會影響到跟下一代之間的親子關係？

答案是肯定的。

根據美國的追蹤研究顯示，童年曾經遭受虐待的父母，對孩子施虐的比例是一般父母的三倍。這顯示家庭暴力有可能代代相傳，形成惡性循環。美國還有一項研究驚人地發現，家庭暴力有可能延續到八代。臺灣在2008年，也曾經發現雲林有一個連續四代的兒虐家族，每一代都有家庭暴力發生。

由此我們不難看出：

- 童年時缺乏被愛、被照顧、被尊重的經驗，長大後可能也不懂得如何愛人、照顧人和尊重人，只能一再複製疏離和孤單的情結，不斷在親子之間流轉。

- 童年時因為受虐而充滿怨恨，長大後很可能會不自

覺做出一些傷害別人的行徑。無法信任這個世界，只要遇見痛苦或挫折，就習慣以暴力回應。

- 童年時因為害怕而自我貶抑、壓抑自我的需求，長大後也會要求伴侶和孩子要有犧牲的美德，不能追求快樂和滿足欲望。有些父母很努力想要付出愛，卻不知道要如何與孩子親近，結果變成過度權威和控制，引發親子衝突。

這是受虐兒最深沉的悲劇，童年時期的傷痕從未真正痊癒，一直到成年後還要繼續跟心底的陰影對抗。

有一位四十幾歲的母親，跟青春期的女兒經常發生衝突。每次女兒耍賴頂嘴，只要臉上流露出不屑的表情和口氣，她就會立刻暴跳如雷，怒火中燒，忍不住跟女兒惡言相向。

這位母親是個有自省能力的人，經過幾次衝突之後，她發現自己非常痛恨別人看不起她，因為這正是母親對待她的方式。她一生都在追尋別人的尊重和認同，不斷努力要證明自己的價值，原來癥結的根源就來自於母親。

還有一位三十多歲的年輕男性，小時候也有受虐的陰影，他立志長大之後，一定要建立溫暖的家庭，當一個好丈夫和好爸爸。

　　但是結婚幾年之後，他卻驚覺自己對待妻兒的方式，越來越像爸爸──只要工作不順心，孩子哭鬧不停，太太又多嘮叨幾句，就忍不住抓狂，大聲喝止，甚至有暴力的衝動。

　　他被自己嚇到了，趕緊去尋求心理諮商，希望可以學會控制脾氣和情緒，不要重蹈爸爸的覆轍。

　　當家庭的情緒系統失去功能，孩子從小遭受虐待或目睹暴力，沒有機會學習正向的情緒管理，反而學習到以暴力發洩情緒的行為模式。長大後若缺乏自覺，沒有努力改變，就可能讓不良的親子關係一代代延續下去。

　　然而，我們也不能過度推論，認為受虐的孩子將來長大後一定會出現虐兒的情況。國外有研究指出，只有三分之一的受虐兒童，於成長後發生虐兒的情事。這表示有三分之二的受虐兒很努力地改變了自己的人生，不讓暴力延續下去。

親子關係的另一端：溺愛與縱容

如果說，兒童虐待是親子關係的「不及」，那麼，親子關係的「太過」，就是過度的溺愛與縱容。這也是二十一世紀全球社會共同面臨的現象。

2005年10月，英國《泰晤士報》刊出一篇專文〈如何終結被溺愛兒童症候群？〉（How to end spoilt brat syndrome？），文章中提到一個案例：「她，十三歲，已經有了第一次性經驗，濫用違禁藥品，自殺過一次，每次離家出走都好幾天才回去。」

聽起來好像這個少女成長於問題家庭，其實不然，她的父母都受過高等教育，向來細心呵護她，她想要什麼都給她，讓她成為家中的「老大」！

2001年8月美國《時代》雜誌的封面故事〈權力爭奪戰，家裡誰做主？〉（Power Struggle, who's in Charge here？），提到一位十七歲的富家女，用美國運通金卡消費了一杯龍舌蘭，駕著奧迪汽車揚長而去，撞到一位女學生。法院正打算以酒醉駕車及傷害的罪名起訴她，她的父母卻問法官：「今年夏天，她是否一樣可以到巴黎度假？」

這類例子臺灣也屢見不鮮。前一陣子，有幾則社會新聞，都是富家少爺開著高級名車撞死路人，還表現得毫無悔意，父母只好在媒體鏡頭前下跪，代替兒子向受害家屬道歉。

這些現象不禁讓人搖頭，媒體的標題也一再追問：「子不教，誰之過？」

父母除了照顧孩子的溫飽，也必須負起教養責任。過份溺愛孩子，缺乏明確的行為規範，即使孩子犯錯也不予以糾正，容易讓孩子養成任性、自以為是、自我中心、驕傲、耍賴、不肯認錯、不負責任、依賴、軟弱、無法獨立的個性，對孩子的發展並不是好事。所謂的草莓族、啃老族、媽寶、靠爸族、王子病、公主病等流行話語，就會冠在這些從小被過度保護、似乎長不大的年輕人身上。

習慣於予取予求，甚至變得生活懶散、自信心不足、無法吃苦和等待，禁不起挑戰、挫折忍受度和社會適應力較差，這也可能是親子關係的一種不良結果。

父母為何會如此溺愛孩子？這是很值得探究的問題。

有些父母的童年貧窮而辛苦，為了彌補小時候的匱乏，於是提供孩子豐富的物質享受，不但讓他們茶來伸手、飯來張口，還帶他們不停地參加各種才藝班、夏令

營、出國旅遊，擔心孩子輸在起跑點上，比不上別人。

　　有些父母從小得不到關愛，在孤單和疏離中長大，為了補償心中缺憾，所以緊緊依偎著孩子，不願意放手，也不讓孩子獨立去冒險和探索世界。他們認為外界充滿著威脅和危險，希望孩子永遠留在自己身邊，不要長大離開。

　　有些父母從小生活在暴躁易怒的環境下，因此很害怕衝突，結果矯枉過正，變成對孩子百依百順，不捨得責怪或規範孩子；或者因為內在的軟弱，不願意跟孩子爭吵，寧可放任孩子予取予求。

　　有些父母不懂得如何跟孩子靠近，寧可整天忙於工作、早出晚歸，再以物質和金錢來滿足孩子，不知不覺複製了上一代的模式，親子之間只剩下物質的交流。

　　虐待和溺愛，看似親子關係的兩個不同端點，但是，它們也可能是一體的兩面，都是在兩代之間缺乏真正而適切的親密連結。

以健康的愛，建立良好的親子關係

每一次接觸親子嚴重衝突的案例，我的心中總有無限感觸。

我相信大部分的父母在建立家庭時，都曾經懷抱著美好的憧憬，希望這個家是守護孩子的溫暖城堡，充滿了歡笑、信任、理解、支持、關懷和相愛。

但是，不知道從什麼時候開始，家庭裡卻颳起了冷漠或狂烈的風暴，親情逐漸扭曲和變質，甚至傷害了孩子的健康和成長。

讓我們回到初衷，看看到底理想中的親子關係和家庭互動，應該是什麼樣子呢？

簡單地說，要建立良好的親子關係，父母除了要照顧孩子身體上的舒適與溫飽，提供一個安全、穩定的生活環境，更要滿足孩子心理上和情感上的需求，包括親近的相處、雙向的交流和溝通、情緒上的關切與支持、適度的規範和教導，這對孩子的成長是非常重要的。

但是也不要誤解成「怕孩子不高興」、「怕孩子難過」而溺愛、放任和縱容。一個人從出生到成長，宛如攀登山岳，難免會經過一些崎嶇的道路與大大小小的險阻，

人生一定會遇到挫折，父母不可能終其一生保護孩子。我們所要提供的，是在孩子成長的過程中，給予適當的肯定與支持，分享他的喜悅、接納他的不成熟和情緒，陪伴他一步步度過挫折的歷練，協助他建立自信，朝著正向成長。

　這樣的教養，是有階段性的。當孩子還小，有正常的依賴需求，便要提供他穩定的安全感與協助，不要過早強迫他必須獨立。但當該讓他獨立自主的時候，就應該放手，以支持的態度，鼓勵孩子勇敢去探索和冒險。

　很多父母希望扮演孩子的朋友，親子之間可以像好朋友一般互相尊重，自在相處談心，這當然是很好的一件事；但是父母也不能因此放棄自己應盡的責任，畢竟父母還是要教導孩子，必須給予適當的教養與規範，讓孩子能

獨立小筆記

每個人都可以透過自身的努力，掙脫童年的陰影，建立幸福和樂的家庭。加油！

分辨是非善惡，並且堅強地成為孩子心靈的支柱，這是一般朋友做不到的，對父母而言卻是責無旁貸。

當孩子在良好的親子關係中長大，不但擁有幸福的童年，也可以長成快樂的大人。這份健康的愛，將是父母送給孩子最好的生命禮物。

【第二章】

親子之愛的開端：
依戀關係

親子間的依戀關係是本能也是逐漸建立發展的；
起源於受胎，結束於雙方生命消失。

親子間的依戀，是生物界的巧妙設計

【母愛洋溢的小欣】

小欣當了媽媽以後，臉上經常煥發出溫柔的神采。她說，以前聽到「孩子是父母心頭一塊肉」這句話根本無法體會，直到有了女兒，那種自然而然湧出的母愛，讓她感到很震撼！

每天看著女兒柔軟的小手小腳，可愛的臉龐，豐富的表情，一顰一笑都讓她百看不厭。尤其女兒每次吸完奶後，在她懷裡滿足睡去，那種全然的信任和依賴；還有醒來之後，用清澈的眼神望著她，那份單純和專注，讓她的心都要融化了。

新手媽媽的忙碌，讓她幾乎沒有一天睡飽過，但是看著女兒在懷裡一天天長大，一切辛苦都值得了。

我覺得，世界上最動人的畫面之一，就是嬰兒依偎在母親懷裡，那份無言的安心與親密。古今中外，許多藝術

家都曾經以母子之愛作為創作的主題。

不只是人類，動物界也一樣。每次看電視的動物星球頻道，看到老虎、獅子、牛群、猿猴、貓狗等哺乳類動物，親子之間親暱地玩耍依偎的畫面，總讓人感受到自然界美好的生命力。

我們常說「母愛是天性」。其實，孩子對母親的依戀，更是一種與生俱來的強烈本能。這些天性和本能的背後，都包含著生物演化的功能與意義。

生物界最重要的生存法則就是要繁衍下一代的生命。為了達到這個最高目的，所有物種都天生具備了各種精巧的設計來保護子代的安全，好讓自己的基因可以一代代傳遞下去。

科學家指出，動物界在繁衍子代時，有一個基本原則叫做產卵理論（egg theory）：一個物種的受精卵數量多寡，與親代對子代投注的心力有關。例如魚類，親代根本不可能照顧子代，所以雌魚就要大量產卵，以數量取勝，每次產卵都是成千上萬甚至數十萬數百萬，讓它們在水中漂流，只要有一小部分受精卵可以孵化成小魚並存活下來，物種就得以延續。

受精卵數目越少的物種，越需要親代的照顧和呵護，

才能夠確保下一代的生存。例如大型哺乳類動物，每胎的受精卵幾乎都是個位數，不但懷孕期較長，子代誕生之後，親代也會緊緊跟隨在身邊一段時間，直到子代可以獨立求生為止。

大自然裡危機四伏，生存不易。不論是大型獵食動物如老虎、獅子、花豹、黑熊，或是草食動物社群如野牛、羚羊、猿猴，都擁有天賦的親子依戀本能。每當有風吹草動、威脅來臨，母親會立刻發出警戒，孩子也會立刻奔回父母身邊，尋求庇護。親子之間的依戀本能在維繫物種的延續和生存上扮演很重要的功能。

人類是萬物之靈，對於子代的照顧更是無微不至。在所有物種當中，人類的嬰兒最脆弱，沒有尖牙利爪也沒有毛髮保護，光溜溜地出生之後，要經過一年多的時間才有辦法站立行走，至少要等三、四年，才有辦法獨立照顧自己的吃喝拉撒。這麼漫長的幼兒期，如果沒有父母或親人照料，幾乎不可能存活。

幼兒期過後，還有學齡期的兒童階段，以及荷爾蒙不斷變化的青春期階段，總共要十幾年的時光，身體和心智的發育才算完全成熟。這麼緩慢且悠長的時光，都要依賴父母的養育和教導，才可能孕育出獨立的個體，這是人類

社會跟其他物種截然不同之處。

也因為如此，每一個孩童的成長品質都跟原生家庭密不可分。而每一對父母投注在養育子女的時間和心力，也難以計量。

對人類社會來說，不論身為父母或子女，親子關係都是生命中最重要且深刻的一種情感連結，是從無意識中所留下的印記開始，並且持續終生。

嬰兒的依戀本能

初生的嬰兒脆弱無助，沒有大人的照顧就無法存活。所以新生兒都擁有一種生物本能，要迅速跟親代建立依戀關係，以確保自己得到關切和保護。

這些天生的本能包括：銘印作用、覓乳本能、記憶、警覺系統等等。

銘印作用（Imprinting）

這是「動物行為學之父」奧地利動物學家勞倫斯（Konrad Lorenz）所提出的理論。他發現鴨子的幼雛破殼而出時，會透過視覺和聽覺來辨識親鳥，把第一眼看到會動的東西當成媽媽，自發性地追隨媽媽的動作，並且牢牢記住媽媽的聲音，產生強烈的親近感和連結感。

如果幼雛出生後的幾個小時內，只跟人類在一起，沒機會看到母鴨，那麼，牠們就會把人類當成母親，而不認識自己的同類。

許多人看過勞倫斯著名的可愛照片：一群小鴨乖乖排成一列，跟隨在勞倫斯身後，亦步亦趨。在這群小鴨眼中，勞倫斯就是親愛的母親，牠們對自己的同類沒有興

趣，寧可跟人類為伍，長大之後，甚至會對人類做出求偶的動作。

　　人類親子之間的銘印現象雖然不像某些動物那麼清楚，但是嬰兒出生之後，會逐漸熟悉照顧者的擁抱、氣味和聲音，表現出親近和依偎之情，看到熟悉面孔會快樂、微笑、手舞足蹈、伸手想要抱抱、被擁抱就感到安心。這些正向的依戀行為不斷鼓勵照顧者付出更多感情，形成緊密的依附與牽繫。

覓乳本能

　　哺乳動物的新生兒一旦呱呱墜地，自然就有吸吮本能，會努力找到母親的乳房，奮力吸吮乳汁來填飽肚子。

　　人類嬰兒也是如此，即使尚未睜開眼睛，只要將媽咪的手指或乳頭碰一碰寶寶嘴角，寶寶就會主動吸吮；如果大人把手指或乳頭拿開，寶寶還會轉動頭部四處尋覓，以吸吮的動作熱切回應，讓大人們覺得可愛又窩心。

　　這種動作叫做「尋覓反射」或稱為「覓乳反應」，是很重要的求生本能。因為新生兒不會說話，沒有辦法表達生理上的需求，透過這樣的神經反射行為可以跟父母產生互動，讓大人們知道寶寶肚子餓了，要趕快餵食。

記憶

　　人類的新生兒在短短數週內，就擁有學習和記憶能力。根據研究，嬰兒出生不到三個月就能夠記得媽媽的臉龐、味道、聲音，以及經常出現在身邊的人。六個月左右，看到和聽見爸媽出現，會表現出開心和親近的感情，並且發出咿咿呀呀想要對話的反應。

　　如果爸媽每次餵奶或換尿片時，都跟孩子說話、玩遊戲、逗孩子笑，以後只要爸媽靠近，孩子就會開心地笑，因為這是他對爸媽的記憶。

　　在嬰兒階段，如果爸媽和照顧者可以滿足他的需求（例如肚子餓了立刻餵、尿布濕了立刻換），孩子就會擁有安全感，在腦海中建立一個印象，記得這個世界是友善的、人是可以信任和期待的。這種正向的依戀關係對日後性格發展有深遠影響。

警覺系統

　　孩子對父母的依戀，除了身體的需求和照料，還有情緒上的安全感。

　　例如在動物頻道的影片裡所見，大自然荒野中，母獸會讓初生的小獸離開身邊探索世界，但只要母獸感覺到危

險逼近，會立刻發出叫聲呼喚孩子，小獸便迅速奔回母親身邊。動物本能的警覺系統，也是建構依戀關係很重要的環節。

　　一般而言，人類嬰兒在六、七個月大就開始會認生，遇到陌生人會不安退縮、抗拒被陌生人抱，想要躲到爸媽懷裡。學會走路之後，不論做什麼事都會不時回頭，看熟悉的大人在不在，一旦覺得不放心或者受到驚嚇（如聽到鞭炮聲或狗叫聲）就趕快跑回大人身邊，再次強化父母的保護者角色。

依戀比奶水更強大

俗話說「有奶就是娘」。對孩子來說，真是如此嗎？

美國心理學家哈利·哈洛（Harry Harlow）曾經在1957到1963年間，以恆河猴進行一系列「剝奪母愛」的動物實驗，來探討依戀關係的本質。

哈洛將剛出生的小猴子和媽媽隔離，結果小猴子對籠子裡的絨布產生極大的依戀。牠們會躺在絨布上面，用小爪子緊緊地抓著，如果把絨布拿走，牠們就開始尖叫，在籠子裡滾來滾去發脾氣。

哈洛最有名的實驗，是把一群小猴子從母親身邊帶走，然後提供了兩個假媽媽，一個是用鐵線做成、身上掛著奶瓶的「奶媽媽」，另一個是把木頭包上毛織品布料的「布媽媽」。換句話說，一個是溫暖柔軟的母親，另一個是提供奶水的母親。

讓研究人員驚訝的是，短短幾天之內，這群小猴子就對布媽媽表現出明顯的依戀。牠們只有肚子餓的時候，才會跑到鐵絲奶媽那裡喝奶，一旦喝飽，立刻跑回布媽媽身邊，緊緊抱住不放。

而當小猴子感到害怕的時候，例如以很大的聲響或會

動的機器人來嚇小猴子，牠們會飛快黏到布媽媽身上，一臉驚慌，緊緊擁抱布媽媽來尋求安全感。

這個實驗打破了「有奶就是娘」的神話。對幼小的生命來說，光是吃飽喝足並不夠，還需要溫暖的擁抱、觸摸和心理上的依靠。

如果把布媽媽拿走，這些小猴子很快就會生病、整天發呆、沒有食慾、不與其他猴子溝通，還可能出現類似精神疾病的症狀行為，身體不斷前後搖晃，或自我殘害，最後因孤獨和悲傷而夭折。

哈洛又設計了一些殘忍的實驗，例如讓布媽媽變成可怕的媽媽，會射出鐵釘或水柱來攻擊小猴子、發出恐怖的怪聲，或者噴出高壓空氣，把小猴子吹得東倒西歪，撞倒在籠子的欄杆上並害怕地吱吱尖叫，或者不斷劇烈搖動，想把身上的小猴子甩出去，小猴子的頭和牙齒被震得嘎嘎作響。但小猴子們卻寧願忍受痛苦，仍義無反顧地緊緊抱住布媽媽，死也不肯放手。

這個實驗說明了幼兒對於溫暖擁抱的渴望有多麼強烈。孩子愛母親，並不只是為了她們的奶水，更重要的是身體撫慰感受的需求，這是生命的本能。

後來，哈洛發現，這些從未跟親生母親相處，只由布

媽媽陪伴長大的猴子，都嚴重缺乏社交性，性格孤僻、攻擊性強、常出現反社會行為，不懂得跟其他猴子玩耍，也沒有性慾，無法交配。

這些猴子也無法成為母親。以人工受孕的方式讓牠們生下孩子，牠們對小寶寶卻表現出冷淡、沒興趣的態度，沒有母愛，不會照顧幼兒，甚至會攻擊幼兒，將親生的猴寶寶殺害。

這或許可以解釋前一章提到的兒童虐待現象。當一個生命在童年時缺乏溫暖的愛，長大後也無法給予愛。

後來，哈洛又設計了一種會搖擺的布媽媽，讓小猴子感覺到跟媽媽之間好像有互動存在，這樣哺育大的猴子，性格就正常許多。如果讓牠們從小有機會跟一般的猴子一起玩耍，每天只要一個半小時，牠們長大後就會完全正常，跟一般的猴子無異。

這個實驗告訴我們：對靈長類來說，跟母親的親密互動，以及跟同儕之間的玩耍追逐等遊戲和運動，對於神經系統和性格的正常發展非常重要。

哈洛的研究對於當代的育兒理論產生很大的影響。在此之前，西方主流的觀點認為：「千萬不要溺愛寶寶，不要在睡覺前親吻他們，正確的做法是，彎下腰，跟他們

握手道晚安，然後就關燈離開。」但哈洛以實驗駁斥這樣的觀點。他證實了幼兒對於母愛的強烈渴求，藉此告訴世人：生命無法孤獨地存在，除了填飽肚子之外，新生兒更需要的是溫暖的擁抱、陪伴和保護。

從此以後，在醫院出生的孩子可以很快回到媽媽身邊，不需要一直待在嬰兒室裡；專家開始呼籲父母要經常擁抱和撫摸孩子，跟孩子說話；孤兒院、社會服務機構的工作人員也知道，只給嬰兒定時餵奶是不夠的，還必須要抱起棄嬰，來回搖動、對孩子微笑，讓孩子感受到愛，才可以撫平被遺棄的創傷。

哈洛感嘆說，我們居然要透過動物實驗，來證明這麼簡單的道理：「愛非常重要！愛是讓生命存活下去的必需品！」

他的研究雖然備受推崇，但是對猴子來說卻很殘忍，所以引起許多批評。動物保護團體曾經聚集在他任教的威斯康辛大學猿類研究中心外面，舉辦示威抗議遊行，替因實驗而受苦並死去的猴子們哀悼。

鮑比的母愛剝奪研究

英國的精神分析師約翰・鮑比（John Bowlby），是第一位對人類的依戀關係進行深入研究的學者。

鮑比對兒童的心理發展很有興趣，一生都在研究童年的分離、失落、悲傷、依戀行為，以及母愛剝奪的影響。這可能跟他自己的童年經驗有關。

鮑比出生於倫敦的中上階層家庭，是六個孩子中的老四，父親是王室的外科醫生。當時的教養觀念認為，父母親的關注和喜愛會把孩子寵壞，所以有錢人家都是雇用保姆來照顧孩子，父母跟孩子則保持距離。鮑比一家也是如此。

鮑比小時候，每天只能見到媽媽一個小時，通常是下午茶過後。他的日常生活都是由親愛的保姆米妮照顧。當時正值第一次大戰期間，爸爸一年只能回來一、二次，跟孩子們沒太多接觸，媽媽也從不會把爸爸的信件跟孩子們分享，所以鮑比對爸爸幾乎一無所知。

小鮑比四歲的時候，最疼愛他的保姆米妮離開了，對他來說就宛若失去母親一般痛苦。繼任的保姆個性比較冷淡，喜歡冷嘲熱諷，不像米妮那樣溫暖可以依靠。這是他

童年裡一個非常重大的悲傷與失落。

七歲那年，他被送到寄宿學校，遠離家人，他向母親表達抗議卻無效。許多年後，他在1973年出版的《分離：焦慮和憤怒》書中，仍然對那一段可怕的時光難以忘懷。

或許是這些童年的經歷，讓他在就讀醫學院和接受心理分析訓練的期間，就開始幫助適應不良兒童和犯罪青少年，並且對兒童心理發展和分離創傷深感興趣。

二次世界大戰期間，他的服務對象包括了生病住院的孩子，以及躲避空襲而從倫敦疏散到鄉間的兒童。他發現，當孩子必須與家人分離時，會以非常強烈的情緒來反抗，例如大聲哭喊、緊抓住媽媽不放、大發脾氣、非常害怕、瘋狂地尋找父母、企圖逃離陌生的環境等等。

如果這些哭鬧無效，孩子就會陷入絕望。若分離的時間不長，例如父母很快前來探望，或孩子很快病癒回家，依戀的創傷就可以撫平。但如果一直持續分離，例如因戰爭而變成孤兒，父母從此不再出現，也沒有其他穩定的照顧者，這些孩子就可能從絕望變成漠然，再也不會主動向人尋求溫暖和依戀。

1952年，鮑比和同事共同拍攝完成一部非常感人的紀錄片《兩歲小孩去醫院》（A Two-Year Old Goes to the

Hospital），但當時的精神分析學界並不認同。人們不相信幼兒跟父母分離會有這麼強烈的創傷和情緒，就算有，也被當成是一種不成熟的幼稚行為。幼兒心靈中的害怕、憤怒和絕望，以及對於依戀的強烈渴望，只有鮑比聽見。

　　此外，鮑比還研究了四十四位有偷竊行為的未成年少年，證實了早期（五歲以前）與母親長期分離，或被父母忽略的經驗，對日後的犯罪行為和適應不良性格有明顯的影響。

親子依戀關係發展的四個階段

　　早在一九五○年代，鮑比已經確立了親子依戀關係對人格發展的重要性。他從勞倫斯的銘印現象得到啟發，認為人類嬰兒跟其他物種一樣，天生就有一種強烈本能，想要跟爸媽親密連結。

　　嬰兒從出生以後，就會發出各種「愛的邀請」，例如哭泣、笑、注視、伸手、抓取、抱住、咿咿呀呀的聲音等，來吸引父母注意。若這些邀請都能獲得回應，孩子就會知道：當自己笑的時候，父母也會笑臉相迎；當自己哭的時候，會有人關心；當自己伸出雙手，就會得到溫暖的擁抱。每一個互動，都是愛的交流。

　　隨著肌肉和神經系統的發展，嬰兒和照顧者之間的互動越來越多，更不斷加深彼此的依戀和親密感。這些相互依戀和親密互動的經驗，會刺激嬰兒的大腦發展，對於認知能力、情緒及性格的塑造，有很大的幫助。

　　根據依戀理論，親子依戀關係的發展，關鍵期在三歲以前，可分為四個階段：

一、依戀前期（pre-attachment phase）／零至六個星
　　期

　　嬰兒會發出微笑、哭泣等訊號，吸引大人們注意。這
時候，嬰兒和父母的依戀關係還沒有建立，所以並不介意
被陌生人擁抱。

二、依戀醞釀期（attachment-in-the-making phase）／
　　六個星期到六至八個月

　　隨著視覺、聽覺和嗅覺的發展，四個月大左右的嬰
兒開始可以分辨熟悉者和陌生人，這時候已經不是「親疏
不分」的小傢伙了，看到母親和熟悉者會以笑容來表達快
樂，對陌生者漸漸有一點抗拒。

三、依戀確立期（clear-cut attachment phase）／六至
　　八個月到十八至二十四個月

　　已經與父母建立明確的依戀關係，喜歡跟父母在一
起，喜歡父母的微笑和擁抱，有陌生人焦慮（stranger
anxiety），如果陌生人要抱他，會迴避眼神、以動作和哭
泣表達強烈抗拒，急急轉向父母和熟悉者尋求保護。

　　九個月大時開始變成「黏人精」，有明顯的分離焦
慮，看到母親離開會不安，一歲左右更強烈，會以哭泣和
大叫來抗議，急切想要找尋母親。

　　有一位媽媽形容：兒子從六個月大開始，就像一隻無尾熊，隨時隨刻都要黏在她身上，只有跟她在一起才有安全感。這種全心全意的信任，真是既麻煩，又窩心。

　　嬰兒的依戀會召喚母親的憐愛，所以，親子之間的依戀關係是雙向的，不只嬰兒依戀母親，母親也同樣會依戀孩子。習慣了這種被依賴的親密感，當孩子離開自己身邊，就會牽腸掛肚。

　　很多上班族母親把孩子送到保姆家或爺爺奶奶家之後，會一直打電話，問孩子好不好、有沒有吃東西、是否乖乖睡覺，就是一種依戀的表現。

　　孩子第一天進幼兒園，許多父母也會放心不下：「孩子轉頭看不到我，會大哭吧？」「她能照顧自己嗎？」「萬一跌倒怎麼辦？」「他吃東西很慢，又挑嘴，會不會餓肚子？」……孩子在幼兒園裡，可能剛開始哭兩聲，之後就沒事了，但父母卻牽腸掛肚一整天，表示父母的依戀比孩子還要深。

　　隨著孩子逐漸長大，這種親子相互依戀的關係，必須慢慢找到一種新的平衡，讓孩子逐漸走上獨立之路。

　　在這個時期，父母應該扮演的是「安全基地」（secure base）的角色。當孩子正在學習走路、說話、表

達自我或探索環境時，難免會害怕，而且經常會跌跤或受傷，很需要大人陪在身邊。孩子一方面對外界好奇，一方面會時時回頭，確認父母在不在。只要父母守護在一旁，孩子就有安全感，可以勇敢踏出探索的腳步，去認識這個新奇的世界。

四、相互的關係（reciprocal relationships）／十八到二十四個月以後

兩歲大的孩子開始懂得使用策略，例如媽咪送他到保姆家，他會大哭表示抗議；若是哭泣無效，孩子就改變方式，緊緊抓住媽咪不放、掙扎著把保姆推開、大聲叫喊，或是追著媽媽跑；當媽咪越走越遠，他的哭聲就越來越大。孩子希望透過這些反應，讓媽媽回心轉意。

當孩子有了語言表達的能力，就會開始用要求的方式跟父母溝通，例如媽咪可以離開一下下，但是要快點回來，或者要先講一個故事才可以離開。協商之後，父母終於可以放心做自己的事，孩子也得到安心的保證。

有人把這個時期稱做「夥伴關係的建立」，孩子跟父母透過討價還價、協商和約定，克服了分離焦慮，練習獨立。但父母一定要記得遵守承諾，尊重孩子的期待，不要輕忽而傷害孩子的感情，甚至造成對父母不信任的負面影

響。這些童年經驗和記憶會停留在孩子心中，一直延續到
成年期。

當父母主動對孩子微笑、說話、
擁抱、玩遊戲，就是一種「愛的
邀請」，可以傳達父母的愛。所
以，記得要多花一點時間陪伴孩
子喔！

母親對孩子的依戀

上述四個階段，是從孩子的角度來看依戀關係的發展。那麼，若從母親（或主要照顧者）角度來看，依戀關係是如何逐步建立的呢？

孩子對母親的依戀是一種很單純的本能，但是大人的世界卻非常複雜，對一個母親來說，有許多內在和外在因素都可能會影響到她對待孩子的感情。一般來說，母親對孩子的依戀也是逐步發展出來的。從懷孕到生產的過程，可以分成幾個階段：

一、懷孕期：甜蜜的期待

對媽媽來說，當知道自己懷孕的那一刻，依戀的幼苗就開始滋生。長達十個月懷胎旅程，許多依戀細節每天都在發生。

一位媽媽說：以前她走路總是粗心大意，現在每天上下班搭捷運時，都盡量避開人群，深怕肚子被撞到。以前三餐都亂吃，現在每天記得補充維他命、新鮮水果和牛奶，希望寶寶頭好壯壯。

每一次產檢總是讓她滿懷期待。第一次看到寶寶心

跳、聽胎心音，感動到想掉淚。想到自己的身體裡正孕育著一個小生命，真是一種奇妙又幸福的感覺。

隨著胎兒的發育，母親的身體感受也不斷在轉變，包括體型、飲食口味、生活習慣、夫妻相處都要跟著調整。胎兒雖然還沒誕生，但是在母親心中，孩子已經是真實的存在了。

在此同時，除了媽媽本身外，爸爸也可以隔著媽媽肚皮摸到孩子在動，感覺到孩子的存在。孕程中，父母和孩子的互動也慢慢出現。

有些重視胎教的父母會開始與胎兒一起聽音樂，或有些準父母會刻意多接觸賞心悅目的事物，這一方面是家長的心情準備，另一方面也開始醞釀親子的依戀關係。

在這過程中，有許多因素會影響到母親的心情，例如是否未婚懷孕、嚴重的孕吐、先生是否體貼、夫妻是否期待這個孩子、家庭內的衝突、經濟的負擔、產前檢查是否一切順利等等。

這時候，胎兒與母親是一體的，懷孕期間媽媽的情緒可能會影響未來親子之間的互動。

二、生產期：新生兒的降臨

現代的醫療進步，已經大幅減少母親生育的風險。因為生產過程的順利與否，也會影響母親對孩子的感覺。

例如早產兒出生後，若必須待在保溫箱內一段時間，短則幾週，長則數月，母親沒辦法經常和嬰兒接觸，大多交由醫護人員照顧。而且，父母親可能會有擔心、悲傷、罪惡感和歉疚感等情緒，對嬰兒的情感也會比較複雜。

此外，父母親第一次看到孩子的反應，是覺得「哇！好可愛！」或是「好醜啊！」也代表著不一樣的心情。

如果父母的主觀意識很強，對孩子的期待產生落差，例如以前的人有重男輕女的觀念，如果心中期待著男嬰，結果卻生出女兒，父母親心中的失望和怨懟也會影響對待孩子的方式。

三、生產後：哺乳及新生兒照顧

孩子誕生之後，父母立刻就要負起照顧的責任。在餵食方面，不論是吃母乳或沖泡奶粉，最重要的是將寶寶抱在懷中的親密感，這對父母親和嬰兒雙方都非常重要。

胃口好的孩子，母親通常很有成就感。如果孩子胃口不好、不愛吃東西，或者容易嘔吐，照顧者難免會擔心，

甚至抱怨孩子很難帶，或漸漸失去耐心。

除了餵食之外，父母是否經常擁抱孩子、逗弄孩子、跟孩子微笑和講話？是否跟孩子一起同睡？把屎把尿和洗澡時，是否感到愉快輕鬆，溫和輕柔而且有耐心？當孩子莫名其妙哭泣時，父母是否能夠了解孩子的需要，快速消除孩子的痛苦和不適，適時安撫孩子？這些大大小小卻不斷重複的日常瑣事，可能讓父母逐漸建立起跟孩子的親密感，但也可能讓父母壓力大增，而對孩子升起負面情緒。

四、親子互動：孩子對父母的鼓勵

嬰幼兒時期是身心快速發展的階段，就像俗話說的「一暝大一吋」，父母常會驚喜地發現，新生兒每天都在長大，開始會笑了、手指會握著父母的手、眼睛好像會看人了、會手舞足蹈表達高興的情緒……。雖然這些可能只是反射性的動作，但父母總是會自作多情，覺得孩子很高興看到他們，而感到甜滋滋。

無論如何，孩子每一個進步的訊息，都是對父母的莫大鼓勵，是日夜辛苦照顧孩子的珍貴獎賞。

孩子一個多月大左右，開始出現社會性的微笑，是一個新的里程碑。之後，孩子漸漸會區分熟人和陌生人，

會對熟悉的人展開微笑，創造有意義的互動。七到九個月時，看到陌生人或到陌生環境，會出現焦慮情緒，九個月之後，分離焦慮接著出現，會尋求照顧者的回應和安撫，這種「非你不可」、「我的心裡只有你沒有他」、「你是唯一」的執著情感，讓照顧者產生強烈的責任感與認同，也是促成依戀關係更緊密的階段。

此外，親子之間的小遊戲，例如大人對孩子唱歌、搔癢、耍弄玩具，孩子咯咯大笑，讓照顧者感受到快樂和莫大鼓勵，依戀關係也不斷得到強化。

過渡性依戀物，幫助孩子走向獨立

隨著孩子的發展，要逐步從依賴走向獨立，這也是一種生物性的本能。但是，在邁向獨立的過程中，孩子難免會感到不安，而父母不可能時時在身邊緊密待命，這時候，就需要一些過渡性的依戀物，代替父母陪伴孩子，安撫心中的焦慮。

許多孩子喜歡抱著專用的小被被睡覺，外出旅行或者去幼稚園上學時，也一定要帶著它，若沒有這條小被被就哭鬧不休，不肯睡覺；有的孩子依戀的是一個小枕頭、一隻絨毛玩具熊、或一條陳舊的小毛巾，即使破了髒了也不肯丟掉或換新。

對孩子來說，這些物品不只是一條被被、一個玩具，而是很重要的「依戀物」，可以讓孩子的心理上得到安適和撫慰。

就像有些孩子睡覺時，總要摸著媽媽的耳垂或衣角，才能安心入睡。當媽媽和照顧者不在身邊時，孩子就需要熟悉的觸覺和氣味陪伴他，提供心理上的依靠，幫助他克服不安、緊張和焦慮情緒，慢慢走向獨立之路。

【茵茵的小毛毯】

　　茵茵有一條心愛的紅色小毛毯，每天睡覺都要抱著它才可以入睡。毛毯很厚，冬天很溫暖，但是到了炎熱的夏季，尤其出門旅行的時候，帶著厚重毛毯很占行李空間，清洗也不方便。

　　媽媽好幾次想要說服茵茵，夏天時，不妨換一條輕薄的小被被，還帶她去百貨公司選購，有小鴨鴨、各種卡通人物、漂亮小花等圖案，茵茵都堅決不要。她只要她的小毛毯，只有摸著熟悉的毛毯，才會安心。媽媽只好由她。

　　茵茵上了幼稚園之後，因為很愛面子，不想讓老師和同學取笑，所以不願帶著毛毯上學。但晚上睡覺和外出旅行，還是一定要毛毯陪伴才行。現在，她已經要念國中了，媽媽常開玩笑說，以後茵茵長大出嫁，可能要帶著小毛毯當嫁妝囉。

　　當孩子逐漸經歷「過渡性依戀物」階段，跟父母之間的依戀也開始有了改變。孩子的自信心增加，對外界的好奇心和興趣升高，不再整天只想黏在父母身邊，而是想要

踏出小小的腳步,去探索新鮮有趣的世界。

　　隨著孩子的成長,自主意識和獨立性逐漸升高,也可能是親子衝突的開始。

　　自從孩子進入麻煩的兩歲(trouble two)之後,就不再是柔弱無助的小寶貝,而是臺灣俗語所說的「連鬼都嫌」的調皮傢伙。活動力強、好奇心旺盛、喜歡爬高竄低、東摸西弄、不太懂事又不容易溝通、情緒和行為控制力不足、非常固執,不斷地以「搖頭」和「不要」來伸張自己的主權。

　　孩子越來越大,個人意見也越來越強烈,從穿衣服

醫師小叮嚀

一到三歲的孩子有強烈的分離焦慮,是很常見的現象,父母親要保持耐心,以穩定的態度陪伴,若必須分離,要安排適當的替代照顧者。只要孩子對父母及照顧者建立出信任感,焦慮的情緒就會慢慢消失。

到吃飯到收拾玩具到上床睡覺等日常瑣事，都有自己的主張，甚至有理說不清。當父母疲累而失去耐心時，可能就會大聲責罵「不可以！」「不行！」「再不聽話，我就揍人囉！」讓親子之間的關係變得緊張。

　　當孩子入學之後，依戀關係又進入另一階段的轉變。

　　孩子最初的依戀是父母親，到了學齡期和青春期，開始跟老師和同儕親近，父母的重要性好像降低了。到了成年期，依戀的主要對象就換成愛情和親密伴侶。這是人生成長的連續過程。不管在任何階段，依戀關係都是人性的基本需求。

依戀關係從受胎開始，
到雙方均消失為止

當孩子逐漸長大成年，親子依戀關係就會結束嗎？

並非如此。親子間的依戀關係是一生的牽繫，從母親受胎和懷孕為開端，直到雙方的生命均消失，才會終止。即使有些孩子不幸早夭，但父母只要還活著，對這個孩子的記憶和懷念就依然存在。另一方面，有些孩子的父母不幸早逝，孩子或許對父母沒有太多印象，但只要想起自己的童年，還是難免升起憂傷和孺慕之情。

而對大多數的家庭來說，父母跟孩子有幾十年的親情緣分，依戀的糾纏更深。當父母年老過世，或者子女不幸早逝，活著的一方對逝者的思念，更是深刻而恆久。民間習俗「清明節」就是為了撫慰這一份親情的緬懷。

親子之情是延續一生的銘印，直到雙方生命都不存在，這份心靈的牽繫才算真正消失。

正因為親子依戀如此重要，所以父母最大的責任，就是要努力跟孩子建立健康的互動關係，這是所有人際關係的第一個雛形。若能在童年形塑良好的基礎，對孩子的日後發展絕對有正向的助益。

【第三章】

孩子的安全感，
從何而來？

依戀是安全感的基礎。
童年時不同的依戀經驗與型態，
將會影響日後愛情與親子關係模式。

安全感，來自良好的依戀關係

【膽小的芽芽】

　　芽芽是獨生女，向來膽子很小，在家裡還好，但是到外面就變得很安靜，不愛講話，也不跟其他小朋友玩，只想緊緊窩在爸媽身邊。三、四歲的時候，有親戚帶孩子來家裡玩，她的東西或玩具被搶走，她不敢去討回來，只會對媽媽發脾氣；到公園玩盪鞦韆，發現位置被占滿了，她也不敢自己去排隊，一定要拉著媽媽跟她一起；要教她玩水，她只敢坐在游泳池邊看，看了一個月才終於願意下水；剛開始唸幼稚園時，想要上廁所，卻不敢跟老師說。

　　現在她已經六歲，膽子卻沒有跟著長大。有一次去學打鼓，老師開玩笑說：「要認真學噢，沒有學會不可以回家。」她立刻害怕得哇哇大哭，讓老師嚇一跳。

　　她這樣的例子太多了。媽媽非常頭痛，不知道為何她這樣沒有安全感呢？

　　兒童的心理發展就像一棵樹的成長，也像蓋房子。樹根扎得深，樹木就長得高大茂盛；地基很牢固，房子就不怕風吹雨打，可以矗立不搖。

　　對兒童而言，這些樹根和地基，就是「安全感」。

　　每個父母都希望養育出樂觀開朗有安全感的孩子。要如何做到？最重要的關鍵，就是良好的親子依戀關係。

　　前面說過，良好的依戀關係可以幫助孩子邁向獨立。父母只要扮演好「安全基地」的角色，讓孩子知道父母是可以依靠和信任的，孩子自然不會害怕，有勇氣越走越遠，去探索更廣大的世界。

　　那麼，怎樣才算是良好的依戀關係呢？

　　根據前一章所述，依戀關係的關鍵期從嬰兒六到八個月大開始，到十八至二十四個月之間。這個階段的嬰幼兒還不太會講話，我們要如何評估依戀關係的品質呢？

　　有一個很重要的實驗叫做陌生情境（strange situation），可以清楚觀察到一歲嬰兒的依戀模式。這是美國知名的兒童心理學家瑪麗‧安思沃斯（Mary Ainsworth）所設計的，她是鮑比的學生。

　　這個實驗很簡單，就像一幕又一幕的戲劇，每一幕大約三分鐘：

1. 請母親（或主要照顧者）把嬰兒帶到陌生房間，裡面放著很多玩具，讓孩子在空間裡自由探索。

2. 一個陌生人進來，先跟母親說說話，然後，走到孩子身邊，逗孩子玩。

3. 母親離開房間，讓孩子和陌生人同處一室。

4. 母親回來，安撫孩子。陌生人離開。

5. 母親再次離開。把嬰兒一個人留在房間裡。

6. 陌生人再次進來，逗嬰兒玩。

7. 媽媽再次回來。陌生人離開。

在這個實驗中，孩子的壓力逐漸升高。剛開始時，嬰兒跟母親在一起，然後，媽媽離開了，孩子被留在陌生房間裡，跟一個陌生人在一起。當孩子感受到壓力，會有哪些反應呢？而當媽媽再度出現，壓力釋放，孩子又有哪些表現呢？

一歲大的孩子，已經有明顯的分離焦慮和陌生人焦慮。這個研究的主要對象是美國的中產階級家庭，透過短短二十分鐘的實驗室活動，就清楚呈現出一歲幼兒的內心世界。

親子依戀的四種類型

這個研究從1970年進行到1978年，在很多嬰兒身上重複實驗，將這些觀察資料仔細分析歸納之後，安思沃斯博士和她的同事梅茵（Mary Main）博士發現，嬰兒對母親的依戀型態可以分為兩大類：「安全型依戀」和「不安全依戀」，後者又可以細分成三種型態：逃避型、焦慮／矛盾型、紊亂型。

一、安全型依戀（Secure Attachment Style）：

這些孩子只要有母親跟在身邊，即使來到陌生的實驗室也不會害怕，會好奇地探索環境，主動拿起玩具來玩；願意跟陌生人互動，也會經常回頭確認母親的身影。只要母親在視線範圍之內，他就很安心，自在地到處玩耍，玩一玩就跑回母親身邊，撒嬌或抱抱一下。

當母親離開房間，孩子顯得焦慮不安，甚至大哭，不肯跟陌生人玩。一會兒之後，他會慢慢安靜下來，望著門口，等待母親出現。

一旦看到母親回來，立刻破涕為笑，高興地張開雙手撲到母親懷中，尋求擁抱和安慰。稍加安撫之後，孩子的情緒很快好轉，雨過天青，再度去探索他的玩具世界。

二、迴避型依戀（Avoidant Attachment Style）：

這一型的孩子跟母親關係很疏離，會迴避或忽略母親的存在，自顧自地玩，很少回頭確認母親在不在。對待陌生人跟母親的態度差不多，沒有親疏之別。看到母親離開房間，他們似乎無動於衷，沒有緊張或哭鬧的反應。

這樣的表現有點奇怪，不像是一歲孩子應有的樣子。此時，實驗者若以生理儀器來測試這些孩子的身心狀況，就會發現，他們表面上若無其事，看似很冷淡，其實內心非常焦慮不安。小小年紀居然已經學會壓抑和隱藏真實的情緒。

當母親再度回到房間，這些孩子並沒有露出開心或興奮的表情，不會主動迎向母親，也不會伸手要抱抱，一副漠不關心、無所謂的樣子，甚至會把眼神和身體轉開。

三、焦慮型／矛盾型依戀

（Anxious／Ambivalent Attachment Style）：

這一型孩子是標準的「黏人精」，面對陌生環境和陌生人會害怕，緊張而退縮，只想一直黏在母親身上。看到母親起身要出門，立刻哇哇大哭，丟下手邊的玩具，緊抓著母親不讓她走。母親離開房間後，他會非常焦慮，不斷大聲哭喊甚至尖叫，強烈反抗，根本無法安靜下來。

　　母親回來時，他卻顯露出矛盾的態度，一面想要緊緊抱住母親，但同時又會生氣地捶打她，或者故意不讓母親擁抱或靠近，表現出憤怒、耍賴、抗拒、傷心的反應。母親要安撫他許久，情緒才會慢慢平復。此後，他即使拿著心愛的玩具，也無法專注或放心地玩，會一直盯緊母親，或堅持黏在母親身上，生怕她再度溜走。

　　四、紊亂型依戀（Disorganized Attachment Style）：

　　梅恩博士發現，有一群孩子的依戀模式很難歸類，看不出固定規律。他們好像會害怕母親，不敢靠近，有些怪異的行為表現，經常露出恍惚、迷惘或混亂的神情。

　　當母親離去時，他們顯得驚慌，卻呆立在原地，不知道該如何反應。母親不在，他們對玩具也失去興趣，對待陌生人忽冷忽熱，缺乏一貫的態度。當母親回來，他們還是僵住不動，看起來很困惑，不知道該去親近還是逃避。

　　有個孩子在母親回來時，站起來，張開雙臂要母親抱，但雙腳卻不由自主地向後退。這個動作充滿了象徵性，反映出孩子內心的強烈衝突。這些孩子通常有受虐或受驚嚇的經驗，對他而言，母親同時是快樂與痛苦的來源，心中很渴望母親的愛，但是靠近了卻會受傷，讓他在兩難之中擺盪，不知所措。

孩子的依戀模式是學習而來

為什麼才一歲大的嬰兒，就已經表現出截然不同的依戀類型呢？

研究者進一步觀察母子之間的互動，發現母親對待嬰兒的方式，是塑造依戀關係很重要的影響因素。

在正常情況下，新生兒誕生後，親子雙方會向彼此發出「愛的邀請」，母親逗弄嬰兒、對嬰兒微笑和說話，讓孩子感受到愛意；嬰兒也會主動發出聲音、做出各種表情和動作，希望換來父母的注意和擁抱，得到愛的回應。

一般來說，擁有**安全型依戀**的孩子，其母親和照顧者會敏銳觀察、有責任心，並且及時回應孩子的邀請，滿足孩子的需求，性格穩定，態度一致，喜歡跟孩子親密互動，逗孩子開心。

當孩子逐漸長大，開始學習翻身、爬行和走路，這些母親也會以輕鬆的方式，容許並鼓勵孩子去探索新事物，不會緊張兮兮管制太多。當孩子害怕或受傷時，母親會守候在一旁，以溫暖態度接納孩子的不安情緒，提供親近的撫慰。

這就是「安全基地」的意義。當孩子相信父母會接

納並保護自己，就能發展出安全感，敢在陌生環境中自由探索，並且坦然表達出想要被愛、被擁抱的需求。面臨焦慮情境時，也比較容易保持安定，不會一味哭鬧或充滿恐懼，因為他相信母親一定會回來。

根據依戀理論，這是品質良好且健康的親子關係。透過一次又一次的互動，孩子學會了信任父母，並且相信自己是被愛的、被保護的，一切都會沒事的。童年能夠建立出充分的信心和安全感，對孩子的未來發展非常重要。

相對地，如果孩子感受不到安全基地的保護，就會顯得焦慮不安，缺乏信心。

例如**迴避型**的孩子，通常過度獨立和早熟，不太注意或依賴母親。這並非嬰兒的本性，往往是因為經常被冷漠對待，所以學會了不在乎。

臨床上一個有名的實驗叫做「撲克臉」（stiff face）研究：當嬰兒以聲音和肢體動作發出愛的邀請時，如果父母刻意板著臉孔，面無表情，不做任何回應，讓嬰兒的情感受挫，平均只要八次以後，嬰兒就會變得憂鬱，不再發出愛的邀請，也不再期望從父母身上得到愛的回應。

這樣的實驗聽起來真讓人不忍心，卻每天在很多家庭裡發生。當研究者來到迴避型孩子的家中，仔細觀察親子

互動時，發現這些父母可能因為工作忙碌、個性冷漠、沒耐心或自身的情緒困擾，經常忽略孩子、懶得摟抱和親近孩子，甚至表現出不耐煩和嫌棄感。

尤其，當孩子身體不舒服、受傷或焦慮不安，不斷發出求救訊息時，這些父母往往漠不經心，沒有適時安慰和回應。這樣的經驗如果重複發生，孩子不斷感受到被忽略和拒絕，便漸漸不相信父母會保護和照顧自己。為了避免再次被拒絕，於是表現出不在乎的態度。

換句話說，逃避型依戀是學習而來的。這些嬰兒看起來比較退縮、孤立、對學習沒興趣、缺乏動機，長大後也不太信任別人，不容易交朋友，有可能跟父母一樣，變成冷漠易怒的大人。

至於**焦慮型／矛盾型**孩子的母親，通常情緒較不穩定，雖然很愛孩子，但對待孩子的態度並不一致，忽冷忽熱，多變而難以預測。一般來說，這些父母比較自我中心、自以為是，若一時興起，或者覺得寂寞無聊時，就緊緊黏著孩子，又抱又親；若心情不佳或忙碌煩躁時，就對孩子冷冰冰，不想理睬，就算孩子很需要撫慰和擁抱，他們也不管。

簡而言之，這些父母對待孩子的方式，是依照自己的

心情，而不是基於孩子的需要。孩子發出愛的邀請之後，有時候得到熱烈回應，有時候又莫名其妙被拒絕，孩子根本搞不清楚狀況，就好像賭博一樣。

這樣不穩定的養育風格，孩子很容易焦慮不安。越焦慮，就越想要黏著父母，表達出更強烈的依戀需求，想要吸引父母注意，以確認父母的愛，這對孩子來說是最重要的一件事。但是，孩子心中又懷抱著不安，對父母缺乏信任，不確定父母可以提供親密感的保證，所以常會出現憤怒、抗拒的矛盾情緒。

紊亂型依戀的嬰兒，通常是生長在高度緊張、混亂可怕的環境，甚至經歷過不同形式的虐待。他們的不尋常行為是內心創傷的表現。這是最缺乏安全感的依戀形式。

這些父母親可能本身就有嚴重的情緒問題，例如從

魏醫小叮嚀

孩子是父母的一面鏡子，所以，父母要學會處理自己的情緒，孩子才可以快樂成長！

小是受虐兒、有精神疾病，或者遭遇嚴重打擊如失業、喪親、婚姻衝突、健康不佳、搬家或居所不定等多重壓力，心中充滿憤怒和敵意，轉而對孩子施展暴力和虐待。

　　對孩子來說，這是很是痛苦且充滿威脅感的情境。父母應該是提供愛和安全感的人，卻變成恐懼的來源，他們不明白為何會如此，心中的安全堡壘崩解，充滿害怕的陰影，對於一切都感到困惑。

安全的依戀讓孩子相信世界，也相信自己

安思沃斯博士的研究對學術界帶來重大影響。全球有八個國家、超過兩千對的嬰兒和母親接受過這個實驗，結論都很相近。它清楚告訴世人：對嬰兒來說，母親和照顧者所扮演的角色，無比重要。

嬰兒誕生到世間，自我意識宛若一張白紙，必須透過父母的眼睛來看見自己。

當孩子小時候，從父母和照顧者得到充分的安全感，就像望著一面完整的鏡子，看見自己是被愛、被重視、被保護、有價值的，外在世界是可信任、可以自由探索的。這樣的孩子比較容易建立一個穩定的內在運作模式（internal working models），長大之後也比較有勇氣離開父母，踏上獨立的道路，懷抱積極、正向、樂觀的思考，敢於冒險和嘗試新事物，不怕改變。即使遇到困難，也願意努力去解決問題，不會把注意力放在負面情緒上。

至於不安全型依戀的父母，提供的鏡子卻是模糊、扭曲、晃動甚至破碎的，孩子沒辦法看清楚自我的影像，從小就經常體驗到焦慮、挫折、不安和害怕情緒。

這些父母無法成為孩子的安全基地。不論是喜怒無常、模稜兩可,或者冷漠疏離、打罵不斷,都讓孩子內心充滿恐懼和傷痕。在最親愛的父母身上都無法獲得穩定的依靠,孩子又怎能信任自己、信任這個世界呢?

　　幼兒的安全意識是一個連續體,從童年延伸到成人。如果從小感覺自己不受重視、不被呵護、常被忽略和拒絕、隨時可能受到傷害,幼兒的世界就開始緊張收縮,蒙上懷疑和被遺棄的陰影,內在運作模式充滿負面情緒,消極、悲觀、無力感、憤怒、哀傷和自憐自艾,對日後當然有不良影響。

　　也有人出現反向作用,花費一輩子時間和精力去追求物質上的成就,或展現剛強的攻擊性,只為了證明自己是有價值的、被愛的、不會被拋棄、不會再受到傷害。這些都是童年破碎自我的反射。

　　所以,溫暖穩固的親子依戀,對於培養孩子的安全感非常重要。父母千萬不要吝惜表達愛意,無論是透過言語還是微笑、擁抱、親吻等肢體表現,讓孩子感受到滿滿的愛,都是孩子快樂成長的心靈養分。

　　前面提到,三歲以前是親子依戀關係的關鍵期。這就讓有些父母緊張了。現代有很多雙薪家庭,父母都要上

班，育嬰假過後，幼兒就要托付給保姆或祖父母照顧。這樣是否會影響親子之間的依戀關係呢？

其實，不必太擔心。父母只要好好珍惜每天下班後以及週末假日跟孩子相處的親密時光，讓孩子充分感受到快樂和愛，親子關係就可以穩固建立。安全型依戀不一定只限定於一對一，也可以是一對多的關係，保姆、祖父母或熟悉的親友一起分擔照料的責任，讓孩子同時擁有三、四位照顧者的愛，也是一件幸福的事。

如果是多為照顧者的情況，我要提醒一個很重要的原則：父母千萬不要跟保姆吃醋，或者跟祖父母競爭，經常追問孩子「你最愛誰？」「誰對你最好？」強迫孩子做出選擇。這樣會帶給孩子莫大的情感壓力，小小年紀就捲進大人的面子紛爭中，並不是一件好事。

珍惜跟孩子相處的親密時光，讓孩子充分感受到快樂和愛。

童年依戀模式對日後的影響

　　許多研究都指出，童年依戀關係可能持續一生。它會影響我們內心深處的安全感，進而影響生活的各個方面，包括情緒調節、行為反應、自我認同、社交和人際互動、親密關係，以及日後將成為什麼樣的父母。

　　換句話說，小時候的依戀關係，可以作為預測未來的窗口。

　　梅茵博士曾經在美國加州柏克萊進行一個長達十九年的追蹤調查，從1978年到1996年，針對同一群嬰兒，分別在一歲、六歲和十九歲進行測試，結果發現一個驚人事實：嬰兒時期的依戀型態，很明顯會一直延續到成年。

　　安全型依戀的嬰兒到了六歲時，在學校班上通常人緣較好，容易交朋友，活潑聰明，有自信，遵守規則，勇於表達，喜歡與他人合作，也比較獨立。

　　迴避型依戀的孩子入學後，對人際互動比較冷淡，不喜歡交朋友，感情比較脆弱，避免表達內心感受。遇到威脅或被拒絕時，會有敵意或有反社會傾向，不惜向老師或同學挑釁，也可能出現偷竊、說謊、欺騙的行為。

　　焦慮／矛盾型的嬰兒到了六歲時，往往還是非常依

賴，很渴望大人們的注意。他們比較容易有挫折感，覺得被動和無助，需要大人的肯定和撫慰。由於他們不願意獨立，父母必須花費較多心力來照顧。

紊亂型嬰兒到了六歲時，可能非常退縮，彆扭不安，不知道如何交朋友，但也可能充滿攻擊性，會控制和脅迫別人，防衛心很重，缺乏同情心，無法理解別人的世界。

到了十九歲，梅茵博士以她設計的成人依戀會談問卷（Adult Attachment Interview，AAI）進行測試，發現童年時期的影響力依然存在。

安全型依戀的人自我評價較高，覺得自己很不錯，別人也都很棒。他們的情緒比較成熟，有彈性，能夠信任別人，也容易獲得信任；喜歡交朋友，可以適度依賴別人，也不怕被人依賴；尊重伴侶，給彼此獨立的空間，也喜歡分享交流以建立親密感，不會擔心或害怕被拋棄。

迴避型依戀的人肯定自己的能力和價值，但對別人卻評價不高，抱持懷疑和防衛的態度。有較強的控制慾，不容易信任或依靠別人，也害怕被別人依賴；喜歡處理客觀的理論和事物，不習慣情感交流；獨立而疏離，在痛苦或不安時也不會尋求幫助。不喜歡跟人太親近，因為那會使他渾身緊張不自在。

　　焦慮／矛盾型的人自信心不足，常批評自己不好、沒用；覺得別人樣樣都好，把別人看得比自己重要。渴望被愛，很害怕被拋棄、被冷落；很想跟人親近，卻老是擔心別人不喜歡自己；非常敏感，容易受傷，優柔寡斷，對伴侶過度依賴，不懂得給對方空間，常引起爭吵或把對方嚇跑。對親近的人缺乏安全感，常會試探對方的感情，充滿愛恨交加的情緒。

　　紊亂型的人通常不喜歡自己，自我評價不高，對別人也是如此。渴望被愛，卻又充滿恐懼，無法相信任何人。很容易生氣，自我控制力不佳，社交關係常出現問題。在極端的逃避和焦慮之間擺盪，有時候麻木冷漠、拒人於千里之外，有時候又被強烈情緒所淹沒，驚惶不安、孤單哀傷、暴躁易怒，矛盾且反覆無常，讓身邊的人無所適從。

依戀模式與愛情

　　人與人之間最重要的聯繫，除親情外，就是愛情了。

　　有許多研究都在探討依戀模式與愛情的關係。結果發現：安全依戀型的人，最容易談一場快樂自在的好戀愛。

【幸福的新郎阿嘉】（安全型戀人）

　　阿嘉跟女友愛情長跑八年，終於踏進禮堂。婚後的生活單純甜蜜，不管大事小事都一起商量處理。他們約法三章：兩個獨立個體之間必然會有歧異，一定有很多事情需要交流，談開了就沒什麼。只要能夠開誠佈公表達真實想法，敞開心扉彼此傾聽，沒有解決不了的問題。

　　阿嘉很欣賞老婆，覺得她除了有時脾氣比較倔強，確實是個非常好的女孩。能夠遇見她，他感到莫大的幸福！

　　安全依戀型的人對自己和他人都抱著正面意像，相信親密關係是美好快樂且值得努力的，願意自我揭露，也喜

歡傾聽對方心事，坦率交流。

　　他們對於愛情的信念是熱情、尊重、享受生命、付出承諾、彼此接納、互相支持、不怕衝突、共同成長。遇到困難時，願意誠懇溝通，共同面對，為雙方感情創造另一波的「蜜月期」。

【缺乏安全感的小文】（焦慮型戀人）

　　小文是個很沒安全感的女生，成長於單親家庭，隔代教養，從小就膽小愛哭，長大後很渴望愛情，卻經常遇人不淑，飽受被背叛和被拋棄的痛苦。

　　現任男友其實對她不錯，但她心裡卻充滿過去的陰影，經常胡思亂想，害怕男友會愛上別人、欺騙她、始亂終棄……。想到快要崩潰，就猛吞安眠藥來讓自己沉睡，想忘掉一切煩惱。

　　有一次她跟男友吵架，男友氣得甩門衝出去，她以為自己又被拋棄，企圖自殺，幸虧男友及時回來。男友說他只是出去冷靜一下，她為何要想不開。小文也不想這樣過日子，但就是無法控制自己，每天都覺得很煎熬痛苦。

焦慮／矛盾型的人似乎很容易談戀愛，卻又常感嘆「真愛」難尋。他們一旦陷入情網，就會過度投入，表現出強烈的愛戀和占有欲，又擔心對方不夠真心，沒有付出同樣回報，因此常有極端情緒起伏，容易忌妒、猜測、懷疑、害怕、焦慮、寂寞及憤怒。

　　他們對自己抱著負面意像，很想與人親密，卻又害怕被拋棄、被拒絕；極度渴望安全感，不斷要求對方給予承諾，但無論對方如何保證，仍無法讓他們安心。他們很關心自己的情感需求，卻忽略對方感受，碰到衝突矛盾也不知道如何處理，往往導致決裂和破碎，再次打擊他們對愛情的信任感。

【不習慣親密關係的阿國】（迴避型戀人）

　　從現實的角度來看，阿國是個好丈夫、好爸爸，每天辛苦忙碌工作，早出晚歸，讓太太秀慧在家當全職媽媽，陪伴孩子長大。但是，秀慧卻越來越不快樂，有一種深沉的寂寞。

　　因為，阿國真的太忙了，忙到沒時間跟她談心，回家

就只想癱在沙發上看電視，然後洗澡睡覺。秀慧很想了解他內心在想什麼？工作上碰到哪些開心或煩惱的事？對未來有什麼想法？對人生還有哪些夢想？……但阿國不喜歡講這些，覺得很無聊又浪費時間。他只講實際的事，例如孩子的功課、哪件衣服要燙、何時要去游泳運動等等。就算遇到麻煩或挫折，他也習慣自己想辦法解決。

秀慧說，她所嚮往的夫妻生活不應該是這樣。她希望兩人是有福同享、有難同當、無話不談、快樂自在，每天可以躺在他的懷裡撒撒嬌，或者溫柔地寵愛他一下，但是，看到阿國拒人於千里之外的表情，她只能把自己熱情開朗的一面，再次壓抑下來。

迴避型的人通常不太相信愛情，抱著比較悲觀或防衛的態度，不會讓自己深陷情網。他們對於被拒絕很敏感，忌妒心強，容易失望和受傷，會以冷漠或不在乎的面具來保護自己。

他們不喜歡跟人太親密，無法給予太多承諾，不習慣自我揭露，對於別人的親密舉動和情感交流也覺得不自在，會補償性地投入工作、嗜好或理論研究，以避免家庭

人際的情感活動。遇到痛苦或壓力時，寧願一個人面對，
也不願意依靠別人，常讓身邊的伴侶感到挫折。

【寧可單身一輩子的阿偉】（紊亂型戀人）

阿偉說，如果要用一句話來形容童年，他的答案只有
兩個字：恐懼！

他是看著家暴長大的孩子。小時候唯一的心願是：
希望爸爸不要再打媽媽了。童年家裡沒有歡笑聲，只有尖
叫、淚水與吵架聲，伴著他在提心吊膽中長大。

他從小就盼望著爸媽趕快離婚。他覺得爸爸是混蛋，
而媽媽很軟弱。在學校裡，他的成績老是吊車尾，一個整
天生活在恐懼中的孩子，哪有心思讀書呢？

現在他已經三十多歲，是個懶散的宅男，社交能力很
差，沒什麼朋友，想法和價值觀一直變來變去，還有很多
消極和負面的情緒。他這輩子最討厭爸爸，沒想到卻越活
越像他，冷漠、易怒、自私、多疑、沒有責任感、喜怒無
常……

他看過一些心理學書籍，子女會潛意識地重複父母的

婚姻模式，他覺得太可怕了。那樣的婚姻有什麼意義呢？

所以他根本不打算結婚，寧可一個人過一生。

　　紊亂型的戀人基於保護自我的本能，常常否認自己對於親密關係的需求，防衛地壓抑自身的情感，以避免受到傷害。對他們來說，獨立存活和自給自足的感覺是非常重要的，既不喜歡依賴別人，也不希望被他人束縛，寧可一個人比較自由。獨自生活會讓他們的神經系統比較放鬆，而親密關係則會帶來焦慮、緊張和挫敗感，所以較容易傾向選擇獨身主義。

成為父母之後，
仍在複製童年的依戀模式

人是社會性的動物，一輩子都需要與人建立親密關係。小時候依戀父母，入學後依戀老師和朋友，成年之後依戀親密伴侶。然後，我們結婚生子。看著初生的稚嫩幼兒，單純天真地對我們發出愛的邀請，於是，我們心甘情願承擔起照顧者的責任，展開了另一段親子依戀的旅程。

問題是，我們想要成為怎樣的父母呢？

根據梅茵博士的研究，有70％～80％的子女會重複父母（尤其是母親）的依戀型態。另一個跨越世代的研究顯示，「外婆─母親─嬰兒」這三代之間的依戀模式，有高達65％的相似性。

也就是說，安全型依戀的父母比較容易養育出擁有安全感的孩子，這孩子日後成為父母，也會把安全感繼續傳遞給下一代。而不安全依戀的父母比較沒辦法帶給孩子安定感，這些孩子長大之後，也可能把焦慮不安、疏離感、逃避性格或者紊亂暴力的親子模式，繼續傳遞下去。

正如散文作家林海音女士說的：「每個人生理上的童年終將消逝，但心靈的童年總會伴隨終生。」這並不是宿

命的觀點，只是再次提醒我們，童年依戀模式的重要性。

　　父母是我們此生的第一個親密關係，卻不是唯一。即使不曾擁有快樂和安全感的童年，並不代表未來就黯淡無光。在漫長的人生旅途中，我們隨時可以改變自己，追尋自己渴望的幸福。在第五章中，我們將會針對這一點，做更多的探討。

醫師小叮嚀

在現代社會，父母也要努力學習成長。市面上有許多親職教育的書籍和演講，多看、多聽，對於親子關係會有不錯的幫助。

【第四章】

現代社會親子關係的試煉

現代社會忙碌複雜，
讓親子關係增添不少挑戰。
面對世代的變化，
父母要能以開放的心態面對。

孩子的問題，是父母的鏡子

「父母難為！」在現代社會中，我們經常聽到這樣的
感慨。

現代小家庭多半只養育一、二個孩子，親子問題卻層
出不窮，讓父母親傷透腦筋。

其實，孩子是父母的一面鏡子，當孩子的性格或行為
出現問題，父母親最好先反求諸己，從親子關係的品質著
手改善。小凱的故事就是一個典型的案例。

【不快樂的小王子】

第一次看到小凱，他大約三歲左右，很安靜，不愛
動，也不太主動跟人親近。家人擔心他有智能障礙，所以
帶他前來看診。

根據初步診斷，小凱的智能很正常。進一步瞭解後發
現，小凱的父母婚姻不和諧，爸爸經常不回家，媽媽心情
不好，根本沒興趣跟孩子玩，小凱主要是外傭在照顧。但
外傭很年輕，完全沒有照顧幼兒的經驗，再加上第一次離

家到異鄉工作，每次想家就一個人躲起來哭，常常忽略了小凱的存在。

小凱在物質優渥的環境下成長，三餐營養都沒問題，卻缺乏良好的人際互動和刺激，因此社會發展和心智能力出現停滯，甚至有輕微憂鬱的現象。這完全是照顧上的心理疏忽所造成。

發現問題的根源之後，媽媽承諾要多關心小凱，也換了一個有經驗的保姆，小凱狀況有明顯改善，但小凱的父母缺乏意願進行進一步的親職諮商與家族治療，門診就中斷了。

多年之後，再次看到小凱，他已經是私立學校的中學生，很聰明，功課不錯，但有點叛逆，前來就診是因為偷竊的問題。

小凱家境不錯，偷竊並不是因為錢，而是心理因素的作用。從心理動力學的脈絡去看，小凱從小就缺乏關愛，父母沒有心思照顧他的情緒與心理需求，這與他出現的行為問題是相關聯的。

父母親的性格特質和生命經驗

　　父母的性格、生命經驗與觀念，以及溝通模式、情緒
調節，都是影響親子關係的重要因素。例如容易緊張焦慮
的父母，會一直盯緊孩子，叫他不要這樣不要那樣，以免
跌倒或受傷，孩子缺乏自由探索和犯錯的機會，可能養成
膽小依賴的個性。

　　又例如童年缺乏關愛的父母，常有彌補心態，一聽見
孩子哭鬧就趕緊抱起來哄，或者一切都順著他。雖然這是
一種愛的表現，但如果缺乏冷靜的觀察和正確的教養，無
形中可能強化了孩子的哭鬧或耍賴行為。

　　許多父母是在「小孩有耳無嘴」、「不打不成器」的
權威教養下長大，比較不會表達感情，常用批評、嘲諷、
指責的口氣講話，忽略孩子的感受。孩子在不舒服的情緒
下，可能表現出叛逆的態度，這又激起父母的怒氣，於是
親子間的溝通品質越來越糟糕。

　　有些父母本身的性格不夠成熟，在工作、婚姻或人際
關係上面臨許多壓力和挫折，若不懂得紓壓或化解，可能
就陷入情緒困境中，甚至把自己的挫敗和憤怒發洩在孩子
身上，變成暴力和虐待。

所以，在處理親子問題時，必須跟父母進行教養上的諮商。最主要是讓父母看見自己的性格、教養信念、溝通模式和情緒調節等方面對孩子造成怎樣的影響，要進行怎樣的調整，才可以讓親子關係變得更好。

孩子的特質和能力，也會影響親子關係

親子之間的衝突，經常來自於期待上的落差。

【被冷落的小路】

　　小路的爸爸是大學教授，媽媽是會計師，小路卻沒有
遺傳到父母的聰敏，學業成績一向平平。小他兩歲的弟弟
不但在學校名列前茅，小提琴也拉得比他好，每次親友聚
會，弟弟都是大家讚美的焦點。爸爸很明顯地偏愛弟弟，
媽媽雖然會刻意稱讚小路，但每次講到弟弟就很自然流露
出得意的笑容。弟弟因為受寵而充滿自信，小路的個性則
越來越彆扭，跟爸媽的關係也日漸疏遠。

　　身為父母，對孩子難免抱持著許多期待。例如事業
有成的父母希望孩子承接家族企業；專業人士的父母期待
孩子聰明優秀、出類拔萃；望子成龍的父母特意安排了昂
貴的補習班和才藝班，希望孩子贏在起跑點上；愛面子的

父母希望孩子樣樣比別人強；忙碌的父母希望孩子乖巧聽話，不要增添麻煩；喜愛運動的父母期待孩子活潑開朗，可以全家一起同樂；陷入冷戰的父母希望孩子可以挽回對方的心。

然而，每個孩子都是獨立的生命，有自己的個性特質、興趣和能力，不一定符合父母的期待。這時候，如果父母不能保持彈性、修正期待，尊重孩子的意願和選擇，衝突就可能發生。

即使是同一個家庭的兄弟姐妹，跟父母之間也會各自創造出不一樣的親子關係。譬如有的父母重男輕女，兒子就得到較多疼愛；有的父母喜歡嘴巴甜的孩子，跟木訥的孩子比較沒話說；有的父母對長子要求特別嚴格；有的父母重視成就，功課好的孩子討父母歡心，成績差的孩子就被冷落。

婚姻衝突與家庭暴力的影響

　　現代社會的離婚率越來越高。在走向離婚之前，夫妻之間往往會經歷一段時間的爭吵或冷戰，充滿衝突張力的家庭氣氛也考驗著親子關係。

　　如果父母雙方比較成熟，努力做到好聚好散，即使離婚也讓孩子同時保有父母的愛，就可以減少對孩子的傷害。但許多父母都無法做到這一點。在爭執的過程中，難免會在孩子面前批評和攻擊對方，互相指控，甚至不斷追問孩子，要對哪一方忠誠，逼孩子選邊站。孩子夾在父母中間，往往痛苦又為難。當年齡較大已有相當的認知能力的孩子面對這種處境時，往往會陷入心理困境，甚至出現身心症狀，對親子關係及孩子的心理成長非常不利。

　　有些父母為了爭奪監護權，不惜對簿公堂，甚至可能有少數會過度懷疑、誇大甚至不實的指控對方虐待孩子。有時候律師會建議找兒童精神科醫師對孩子進行評估，父母就會期待醫師可以套問孩子的想法，提供對自己有利的資訊，以做為法庭上的證據。此時，門診的兒童精神科醫師就面臨很大的挑戰。

　　身為兒童精神科醫師的我，當然很關注孩子的感受及

是否受到良好的照顧。當父母陷入自己的負面情緒中，我會適時提醒他們要調整自己，要注意孩子的狀態，以孩子的福祉為優先。我常建議父母雙方一起過來，好好地共同協商，但往往很困難。對父母和孩子來說，面對離婚及監護權的爭執，都是一段很艱難而痛苦的過程。

有些父母雖然沒有離婚，卻經常在家裡爆發劇烈的口角、肢體的衝突。尤其如果是為了孩子的管教問題而產生爭執，孩子目睹這一切，除了害怕與不安，還可能會加上自責和愧疚的情緒。

曾經有一位孩子，媽媽在懷孕時遭受到丈夫的暴力襲擊，一拳打在肚子上，讓媽媽痛不欲生；孩子出生後，夫妻婚姻還是處在不和諧的暴力氛圍中，媽媽經常哀嘆自己的不幸，甚至希望這個孩子不要出生。孩子長大後經常聽到媽媽這樣說，在他的心靈上烙下深刻而複雜的陰影。

先天疾病的挑戰

　　疾病的發生，在親子之間必然會產生很重大的影響。
例如若是父母生病，無法承擔起照顧的責任，也無法滿足
孩子依戀的需求，乖巧的孩子只好被迫提早獨立，小小年
紀就變成一個「小大人」，不但要學會照顧自己，可能還
要幫忙照料父母和弟妹。有些孩子則可能變成沒人管的
「小孤兒」，因為缺乏關愛和教導而造成行為偏差，甚至
於對父母產生叛逆的言行，親子關係更加惡化。

　　如果是孩子生病，特別是先天性的疾病，則會加重父
母的壓力和負擔。不同類型的先天疾病，例如自閉症、過
動症、智能障礙等，對於親子關係也會造成不同的影響。

自閉症的孩子，跟父母難以親近

　　自閉症是一種腦神經系統的發展障礙，讓孩子的社
會互動、情緒表達、認知能力出現困難，也常會有特定而
刻板的行為動作，只對少數的事物感興趣。自閉兒的父母
經常會這樣描述：「孩子已經兩歲了，很乖很安靜，不哭
鬧，但很少看到他笑，跟他講話也沒什麼回應，誰想抱他
都可以，不抱他也沒關係，他就自己玩積木，可以玩很

久。他都不講話，原本擔心他聽力有問題，但他聽見吸塵器的聲音卻會生氣大叫。他寧可盯著電風扇看，卻不肯看我們，真讓人傷心……」

這跟前面講的迴避型依戀並不一樣。自閉症是一種先天的缺陷，並非因為照顧者的疏忽和冷漠所引起。早期人們對於自閉症並不了解，母親被冠上了養育不當的罪名，之後的科學研究才讓這些汙名和誤解得以洗刷。

自閉兒不愛理人，常讓父母感到挫折，不知道如何跟孩子親近。自閉兒天生缺乏同理心，無法理解別人的情緒和感受，也會造成跟父母連結的障礙。尤其，當孩子狀況不好時，翻臉不認人的舉動，往往讓父母感到無比傷心。

有些孩子的症狀比較輕微，仍然可以跟父母發展出某些依戀關係，例如高功能或輕度的自閉兒，不舒服時會主動尋找照顧者，長大之後，也會對父母表達感謝和關切。這時候，含辛茹苦的父母往往是笑淚交織，多年的辛苦終於獲得一些欣慰。

注意力不足過動症，考驗父母的耐心

孩子活潑好動是很自然的現象，但是有些孩子卻整天動來動去，沒有停下來的時候，家裡凡是容易被打壞的東

西，一定要收起來，甚至牆壁要貼上保護軟墊，以防止孩子衝來撞去時不小心受傷。父母下班回家也不得閒，孩子會一直講話一直要你陪他玩，孩子的體能還沒消耗完，父母早已累翻了。

注意力不足過動症（Attention-Deficit／Hyperactivity Disorder，簡稱ADHD）的孩子很容易被貼上「調皮搗蛋、故意惹人生氣、個性頑劣」的標籤。他們的專注力很短暫，很容易分心，往往無法遵守教室的規矩，讓父母倍感頭痛。

許多過動兒的父母都有這樣的經驗：「他從小就坐不住，玩具丟得到處都是，也不肯乖乖吃飯，一下子就跑走。上學以後，老師經常跟我們抱怨，說他上課老是東張西望，一直找同學講話，或在座位上扭來扭去，一下子玩鉛筆，一下子摺紙飛機，還會突然站起來到處走動。回家寫功課也是一大災難，東摸西摸半天才寫幾個字，字跡潦草，錯誤百出。他很沒耐心，老是忘東忘西，也不耐煩聽人講話，人家講話講到一半，他就隨便插嘴打斷人家，很沒禮貌。只有看電視或打電動的時候，才會安靜下來。」

過動兒經常整天挨罵，在學校被老師罵，回家被父母罵，還是改不了。臺灣的教育體制很重視學業，小孩子都

被期望要每天乖乖坐在教室裡，回家又要做功課，對過動兒來說，真是一大折磨。他們越是做不到要求，就越容易被責罰，親子關係也就越緊張。

如果教育體系能妥適的覺察並支持輔導，照顧孩子的人手比較充裕，再加上適當的醫療協助，孩子的情況就會好多了。相反地，如果父母非常忙碌，後盾支援又比較不足，父母根本沒精力來應付這個孩子的需求，能怎麼辦呢？通常不是打就是罵，對於孩子的好動和吵鬧，父母只想快速壓制下來，以嚴厲的方式管教，過程中難免產生衝突，導致孩子產生反抗的心理，親子關係進入惡性循環，孩子可能衍生出更多的不良情緒與行為，若不及時改善，對親子關係與孩子的未來發展相當不利。

學習障礙或智能不足，父母陪伴孩子慢飛

每個父母都希望孩子聰明伶俐，成功快樂。但人生是一趟未知的旅程，有些孩子偏偏天生就帶著一些學習上或智能上的障礙，不但自己辛苦，父母也會心疼又心急。

有學習障礙的孩子並不容易看出來，他們的智力正常，卻因為神經中樞的某些異常，影響到資訊的接收和處理，而在聽、說、讀、寫、推理或運算上，出現一項或多

項的顯著困難，例如閱讀障礙、書寫障礙、數學障礙等。

如果父母不知道孩子的困難，常以為孩子不用功、不認真、粗心出錯而加以指責或懲處，就容易發生親子的僵局或衝突。一旦經由專家的診斷與解說，父母能了解孩子的障礙而改變態度之後，學習接納孩子的弱點，陪孩子發展相對的優勢，親子良好的關係就能帶動孩子的認同與自信，逐步向上成長。

其實，只要找到適合的教育方法，學習障礙的孩子還是可以發揮天賦，甚至得到很好的成就。世界上有些偉大的科學家（如牛頓、愛因斯坦）、發明家（愛迪生）、音樂家（莫札特）、藝術家（達文西）、前新加坡總統李光耀、知名演員湯姆克魯斯……都有學習障礙，仍然可以在自己喜愛的領域裡發光發熱。

至於智能障礙的孩子，如果是中度或重度的障礙，無法獨立生活，父母要花費許多時間和心力來照顧。由於孩子終生都要依賴父母，親子之間其實是親近的，有些父母把這些孩子當做上天送給家庭的天使。每當我有機會看到一些智能障礙的孩子與悉心照顧他們的親人親切互動時，心中總是有強烈的悸動；受限於孩子的表達能力以及父母肩上承擔壓力的能力，有時候這份親近反而讓父母有很多

的無奈與傷心，若是孩子伴隨有重大慢性疾病，狀況就更複雜。

如果是輕微的智能障礙，只是學習速度較慢，應變能力和社交能力不夠好，但獨立居家生活自理是沒問題的。這時候，父母最重要的功課就是放下比較之心，不要期待他跟別人一樣在社會上競爭就業，而是根據孩子的能力，訓練他學會照顧自己、養成好習慣、培養簡單的做事能力，建立自信，單純快樂過日子。

只要父母能接納孩子真實的樣子，這些單純的孩子可以比一般的孩子更能跟父母親密的長久相伴。

醫師小叮嚀

家有身心障礙兒的父母是非常辛苦的，很需要社會大眾的理解、體諒和支持，一起打造友善接納的社會。

文明變遷對親子關係的試煉

現代社會快速變遷，對親子關係也帶來許多考驗。

想想今日的家庭，許多親子衝突都跟課業有關，父母經常掛心孩子要寫功課、要準時上學、要認真準備考試、成績不好要去補習、上課要乖乖聽講……。人類從遊獵時代、農業社會到工業社會，是一部非常漫長的文明發展史，卻在最近幾十年，普遍出現親子之間為了升學壓力而緊繃或衝突的現象。

以前農業時代的大家族制度，經常是一整個村子共同照顧一大群孩子，父母下田耕種或操持家務，一群小蘿蔔頭在村子裡跑跑跳跳，父母都不必擔心。那時的社會流動性不高，孩子一輩子都跟家族在一起，只要把田種好，能夠溫飽、傳宗接代，就是父母對孩子的最大期許。

而今日的社會，小家庭壓力變得很大，父母要上班、要擔心裁員和無薪假、要不斷進修以免被淘汰，還要努力維持婚姻品質，夫妻之間要多溝通，還要分擔養兒育女的責任，要關心孩子成績好不好、作業寫了沒、同儕關係如何、要有禮貌、房間要收拾乾淨、不要整天看電視或上網、不要變成低頭族……。

未來的世界越來越複雜，我們對下一代的期許也越來越高。但孩子生活在資訊爆炸的網路時代，觀念容易受到不同社會文化的影響，而跟父母有相當的差距，親子教養上就難免發生隔閡與衝突。

　　現代父母的權威已大大降低。幾十年前，小孩子若犯大錯被吊起來痛打，可能會被認為是合理的管教方式，到了今日，就可能構成兒童虐待，必須要接受親職教育。很多小學生都知道可通報113兒虐家暴專線，這是社會的進步，用以防治兒虐及家暴的產生。但是有的孩子會以揚言打此專線來對應父母一般的管教，讓父母感到困擾或啼笑皆非。

　　網路時代的來臨，更進一步顛覆了許多傳統父母的權威。現在的孩子從小就熟悉3C產品，在電子化的虛擬世界裡如魚得水，父母卻往往是門外漢，兩代之間有了明顯的資訊鴻溝。孩子遇到的許多問題或困惑，往往不需要仰賴父母或長輩，只要上網一查，得到的解答可能比父母所能提供的更豐富。而當父母要學習智慧型手機的各項功能，或運用某些網路軟體時，甚至要請孩子幫忙，即使被孩子嘲笑「怎麼老是記不住，學這麼慢」，也只能忍耐。

　　其實，父母學習不再扮演絕對權威者的角色，對良好

親子關係的維持有好處。現代父母若是能在照顧、支持、理解、親密和愛的基礎上，學習以理性溝通、同理互諒的教養方式培育孩子，家庭會更和諧，孩子的人格與情緒調節能力會發展得更好。

社會制度的改變與設計，也會影響親子關係。例如過去的傳統是「男主外，女主內」，母親都在家裡操持家務，帶養孩子，跟孩子的關係很緊密，許多孩子與父親的關係就很疏離；到了工商業社會，許多母親是職業婦女，產假過後就要恢復上班，年幼的孩子只能托給保姆或祖父母照顧，因而影響到親子關係的建立。

現在臺灣社會有了半年帶薪的育嬰假，加上無薪的育嬰假最多可以延長到兩年，只要在孩子滿三歲以前，父親跟母親都可以輪流申請。這是很好的制度，父母跟孩子相處的時間增加了，對於親子之間早期安全依戀關係的建立很有助益。

不過，目前國內申請育嬰假的還是以母親為主，少有父親會為了照顧孩子而中斷工作與事業，這跟傳統的性別角色觀念有關。

世界上育嬰假福利最好的國家是瑞典，可帶薪長達十六個月，不論父親或母親都可以申請，其中有兩個月是

「父親專屬配額」，不申請就沒有了。瑞典政府宣布，到了2016年，父親的專屬配額將延長為三個月，藉此鼓勵男女平權，讓父親也擁有照顧孩子的經驗，跟孩子在早期建立親密的連結。最近，瑞典又推動了減少工時且增加彈性上班範圍的制度，讓家庭中親子相處的時間可以更長，這確實是真正重視親子關係與兒童心理成長的社會政策。

親子衝突：溝通不良、對立違抗

在診間裡，經常有父母苦惱地問：「小孩管不動，怎麼辦？」例如兒子想穿耳洞，到底該不該答應呢？男生穿耳洞，在父母過去成長的年代很少見，但現在滿街都是，如果不答應，衝突就產生了；如果答應，天天看了都很難過、不舒服。這到底是自己太落伍，還是兒子愛搞怪？

染頭髮也一樣。現在年輕人不分男女，老是把頭髮染成五顏六色，還剃掉一邊，另一邊卻留長，父母覺得不好看，孩子卻喜歡得很。

還有上網，父母想要嚴定家規，要功課寫完才可以上網，但孩子根本不聽，甚至耽誤到睡覺時間。

隨著孩子日漸長大，親子衝突的引爆點幾乎無所不在，從穿著打扮、學校課業、房間整理、講話態度與舉止禮儀、同儕交往、零用錢的運用、時間安排等，都可能引起爭執。

「為什麼我跟孩子老是講不通呢？別人家也會這樣嗎？」許多父母很擔憂孩子變得叛逆，不知該如何溝通和管教。我總是告訴他們：這是很常見的現象！父母和子女成長於不同的年代和環境，觀念有差距、個性不一樣、角

色更是不同，衝突在所難免。要學習如何處理衝突，才是最重要的關鍵。

　　面對新世代文化的衝擊，父母如果能夠以開放的心態，努力瞭解孩子，傾聽孩子的想法，接受兩代之間的差異，衝突自然減少。如果一味堅持自己的觀念，雙方硬碰硬，衝突當然就多了，對立和違抗的情形很可能被激化。

　　許多憂鬱症的發生都跟家人關係長期不睦、溝通不良、親子衝突有關。所以，家人之間即使意見不同，負面情緒升起，若能練習好好坐下來，彼此傾聽，接納對方的需求和感受，讓家人之間更互相瞭解，努力找尋雙方可以接受的共識，互相妥協，就能變得更親近。這是面對差異最好的方式！

孩子的性別認同，對父母是一大挑戰

隨著個人自主意識逐漸抬頭，以及多元開放社會的來臨，孩子們有更多的方向及參照資訊可以探索自我，包括性別角色和性傾向的認同，這往往為一些父母們帶來很大的擔憂、焦慮和挑戰。

這是可以理解的。我們生活在以異性戀為主流的社會，過去漢民族長期以來所形成的傳統社會文化觀念中，總是把同性戀汙名化，認為這是不正常、錯誤的、罪惡和羞恥的。同性戀被認為是危及傳宗接代的鎖鏈，讓家族蒙羞，甚至與朝代淪亡相關聯！所以，當父母懷疑或發現孩子有同性戀的傾向，心中的震撼絕對非同小可。

在當今的臺灣社會中，雖然性別平等被倡導多年，但過去多著重在男女兩性平等，於非異性戀的平等對待以及權益方面，是近二十年來在同志們的積極努力下才逐漸獲得正視。雖然國民教育中已納入較進步的性別友善教材，然而在社會教育及立法上還有許多待改善的空間。

在以前比較保守的年代裡，懷疑或發現孩子有同性戀傾向的父母可能會使用求神問卜、尋求偏方、勸說和曉以大義、利誘、脅迫、安排婚嫁等方式設法處理，有的會

把孩子痛打一頓，甚至把孩子趕出家門，斷絕親子關係。現今臺灣許多父母在震驚之餘，多半採取柔性的勸導，希望孩子早日走回「正途」，也可能求助於宗教導師、心理輔導人員、精神科醫師等，希望把孩子「輔導、治療、矯正」回來。

每次遇到這樣憂心忡忡而焦慮的父母，我會從精神醫學的觀點，先誠懇地澄清一些觀念：「同性戀不是偏差更不是疾病，我不會去治療孩子同性戀的取向，但是我可以協助您們與孩子面對困擾。孩子的性取向與認同的發展有階段性，也可能有困惑或混淆的時期，我們要坐下來好好與他們談，了解他們的苦惱與需求，協助孩子真正自我的適性發展，而不是只要孩子接受父母原先認定的性取向。

社會普遍的排斥和歧視，會造成許多同性戀者的重大壓力和心理問題，能夠正面接納自己性傾向的人，比起不能接納自己性向的人，擁有較好的社會適應能力，世界上有許多對人類社會有貢獻知名人士也是同性戀者。如果您們一直不能接受孩子不是您們期待的性取向發展，您們很可能會終生痛苦，親子關係也可能一直存在巨大的隔閡。

您們覺得，孩子人格與身心的健康成長，以及與您們維持好的親子關係比較重要？還是要孩子依照您們認定的

醫│學│小│常│識

同性戀不是精神疾病

　　早在1970年代，美國精神醫學會就已把同性戀從精神疾病中移除，1990年，聯合國世界衛生組織也正式將同性戀從精神疾病中除名，認為這不是一種疾病，所以不需要治療。1999年，美國心理學會及美國精神醫學學會等機構發表報告，指出改變性傾向會引致焦慮和罪惡感，成功改變的可能性亦幾近零。也就是說，強迫一個人改變性傾向會引發嚴重的焦慮和罪惡感，而且改變的成功率很低。

　　2012年，世界衛生組織就「性向治療」和「嘗試改變個人性傾向」的方法發表聲明，強調同性戀性傾向是人類性取向的一個正常類別，而且對當事人和其親近的人士都不會構成健康上的傷害，所以同性戀本身並不是疾病或不正常，無需要接受治療。某些所謂「改變個人性傾向」的方法，不但沒有科學證據支持其效果，且會對當事人的身體及精神健康甚至生命形成嚴重的威脅，同時亦是對同志族群的個人尊嚴和基本人權的侵犯。

性取向生活比較重要呢？」

　　曾經，有一位媽媽自從發現念高中的兒子交了男朋友之後，就陷入痛苦的驚慌之中，睡不好也吃不下飯，又不敢讓先生知道，怕引起父子之間的衝突，身心備受煎熬。她屢次和兒子懇談、勸說，兒子也流著淚告訴她，他其實經歷過許多認同上的掙扎和痛苦，很確定自己是不可能改變的。

　　她因為失眠的問題前來求診，並且問起孩子改變的可能性。經過會談之後，她終於比較放鬆，從焦慮的情緒轉變成擔憂和不捨。這個社會對同性戀者並不友善，她很擔心孩子走上這一條跟社會主流不一樣的道路，未來將要承受多少的不公平待遇和異樣眼光。

　　孩子的處境越是艱難，父母越要張開雙手接納孩子，成為溫暖的依靠。她接受建議，開始主動收集同志的相關資訊，努力去理解這個她原先不瞭解的族群，也透過兒子認識了一些其他的同志孩子，發現每個孩子都很渴望被接納，這些不被親人接納的孩子，內心深藏著孤獨感。瞭解越多，就越激發起她的溫暖母性，觀念也慢慢改變，願意擔任孩子的後盾，想辦法跟爸爸溝通。她還主動邀請孩子的男友到家裡，表示支持的立場。

　　她在最後一次會談結束前，帶著微笑說兒子還很年輕，未來的發展誰也不知道，但是她已經告訴兒子，以後如果他與同志伴侶結婚，她一定會打扮得漂漂亮亮出席婚禮，祝福孩子擁有幸福。經過這段艱辛又充滿淚水的過程，她跟孩子之間變得無話不談，非常信任和親近。

　　前述這樣父母接納的案例目前還算是少數，大多數的父母要接納孩子的特殊性向，仍然無比困難。所以，許多同志孩子都選擇了隱瞞，不讓父母知道自己的情感，而許多父母即使有點懷疑，也會假裝不知道，避免面對真相的尷尬和衝突。

　　有一位青春期的孩子因為學習上的困擾，被媽媽帶來求診。她原本功課很好，這學期成績卻突然一落千丈，上課的注意力無法集中，經常「腦筋打結」或「頭腦一片空白」，情緒也變得暴躁易怒。爸爸媽媽擔心她是因為考試焦慮，希望醫師可以幫助她舒緩壓力。

　　這個孩子看起來很有個性，經過幾次會談之後，她趁著媽媽不在，主動說起自己的問題根源，其實是愛情的苦惱。她喜歡班上的女同學，起初對方也接納她的追求，但是不久之後，同學之間的耳語和冷嘲熱諷，讓對方退卻了，從此不再理她。她苦苦哀求仍然無效，對方根本不肯

跟她講話，甚至加入嘲笑她的同學行列，讓她每天上學都很痛苦。

我很感謝孩子願意告訴我真正的心事。我們針對她的自我認同進行討論，並且詢問她是否想讓爸媽知道她的性取向。她想了想，決定不要。她目前只想處理受傷的情感，以及學校裡的人際問題，實在沒有餘力去面對父母的情緒。

因此，我們達成協議，在尊重她這樣的決定基礎上，把治療的目標設定為改善她在學校的人際處境，以及自我的情緒調適，幫助她安然度過這一段艱難的時光。

近年來，全球各地的同志名人紛紛出櫃，一些國家陸續通過法律承認同志婚姻。過去二十年來，國際期刊上陸續發表的研究顯示，同性戀婚姻者與異性戀婚姻者有同等扮演好父母角色養育子女的能力，而同性戀婚姻者家庭所養育的兒童、青少年在性別認同與性取向的發展、情緒與情感的發展、人際社會適應及心理健康等方面，均無異於異性戀婚姻者家庭之子女。

換句話說，只要在家人彼此信任、理解、支持、關懷與相愛的幸福家庭中成長的孩子，均可獲得穩定、健康的身心發展，而「幸福家庭」的形成，與家庭成員的性別並

無關係。

　　臺灣的同志們也在積極爭取婚姻人權中，然而卻被一些傳統衛道團體視為洪水猛獸。2015年，少數地方政府已先採身份證註記的方式登記同性婚姻，甚至舉辦公開公證的儀式。

　　想一想，我們的社會與文化重視家庭，也聲稱重視人權，同志們從小在追求幸福家庭的社會氛圍中成長，被教育要認同家庭的價值，成長後想要自己組成家庭，延續幸福與保障。這樣的追求小確幸，卻被民法否認有此權利，顯示我們社會是多麼的矛盾啊！大法官們應正視現今民法於此婚姻人權議題上違憲的疑問吧！

生活壓力的挑戰

現代社會的生活壓力很大，連小孩子都無法倖免。曾經有個讓人心疼的案例：三歲小女孩居然出現憂鬱症狀，原因是父母婚姻失和，經常大聲爭吵，幼小的孩子受到驚嚇後，父母也無心給予適當的撫慰，忽略孩子的心理需求，讓孩子變得無助、經常哭泣、食欲不振而日益消瘦。

若沒有不良的壓力影響，孩子們的大部份時間原本是可以快樂的，但隨著社會的複雜度升高，社會文化的巨大壓力擠壓到家庭乃至個人，導致兒童、青少年的精神疾病也日漸增多。

目前臺灣的教育體制，從小學到高中一路仍充滿著各種學業考試壓力，對於不擅長讀書或成績不好的孩子來說，長達十幾年的求學階段，可能經常面對著艱辛的困難處境，容易被責罵、被批評、被羞辱、被歧視、被放棄，累積的挫敗感不斷增加，就容易形成行為偏差，或產生易怒、激躁、焦慮和憂鬱。

即使是功課好的孩子，也可能因為求好心切、完美主義、不想讓父母、師長或自己失望，努力當個好學生、優等生，一旦碰到不如預期的失敗或挫折，就可能迸發種種

身心症狀，例如飲食失調、失眠、強迫症或憂鬱症等。

面對孩子的種種精神狀況，父母要如何幫助孩子？如何調整親子互動關係？這是臨床上時時面臨的挑戰。

以嚴重的懼學症為例，這種強烈懼怕上學的狀況總是會讓父母們深感頭痛。父母親該怎麼辦？讓孩子留在家裡？還是強迫孩子去上學？如果採取強迫手段，親子關係必然會變得緊張；如果順著孩子，就變成父母很焦慮，擔心孩子的課業跟不上，會越來越自卑，擔心孩子因為輟學而必須跟陌生的學弟妹們同班，人際關係會出問題等等。

每次看到父母充滿焦慮和擔心，我都會提醒：「要盡量讓自己冷靜下來，不要急躁動怒，避免讓情緒性的話語脫口而出。」因為情緒性的話語往往具有強大而負面的刺激力道，會讓親子之間的張力更加擴大，惡化懼怕上學的症狀。

當父母要趕著上班時，發現孩子又耍賴不肯上學，難免會抓狂地責備孩子：「昨天晚上我們已經說好了，你今天要乖乖去學校，怎麼可以不講信用！」「你給我馬上換好制服，背起書包，立刻出門。再不聽話，當心我揍你！」「你要自己去學校，還是要我抓著你去？你自己選！」……這些話語的結果，往往換來孩子的大哭大吼大

叫，讓衝突更劇烈。

有些父母會強調自己的犧牲：「為了你，我已經請假好幾天了，害我不但被扣薪水，還被老闆罵，你這樣鬧彆扭，對得起我嗎？」有些父母則會恐嚇孩子：「你再不上學，以後去學校，大家都忘記你了，還會嘲笑你，看你怎麼辦？」……

嚴重的懼學症往往有複雜的外在環境因素與內在心理因素的糾纏，增加孩子的愧疚感、罪惡感和恐懼，不只沒有好處，反而會增加孩子的心理壓力，讓情況變得更複雜難解。

如果父母可以放下焦慮，換個方式說話：「我知道，你不想上學，一定是不得已的，你覺得很困難。讓我們一起來想想，看能不能找到比較好的方法，來解決你的困難，好嗎？如果想不出來，我們也可以找有經驗的專家來幫忙。」這樣的態度所傳達的訊息是：無論如何，父母都是跟孩子站在一起的，有任何問題都可以一起討論、一起想辦法解決。

當孩子接收到這樣的訊息，心中的壓力和對抗可以減輕，較容易一起合作去接受專業的協助，進而逐漸改善症狀及學校適應的問題。

當然，個人的精神困擾或疾病的成因和狀況都有個別差異，但有一項共通的原則：發現孩子有情緒和行為上的問題時，父母最好先放下成見，放慢腳步，以接納和舒緩的方式，用心去理解孩子的內在與外在世界，就比較能夠觸及癥結所在，從而運用較合宜的方法及適當的資源來協助孩子。

醫心小叮嚀

在孩子成長的過程中，自信心的培養是很重要的，父母需要安排合宜的機會，讓孩子學習發揮既有及潛在的能力，服務自己與他人，給予正向鼓勵與回饋，協助孩子融入現代社會。

【第五章】

繫鈴與解鈴之道：
親子關係的成長

美好的親子關係是一門藝術，
需要付出時間來學習與經營。
另外，家族治療的專業協助，
也可緩解親子間的緊張壓力。

繫鈴者與解鈴者

親子關係對每個家庭都很重要。不論外面的風雨多大，只要家庭裡洋溢著愛、信任和歡笑，就宛若一座安全的港灣，帶給家人自信的能量，有勇氣面對一切考驗。相反地，如果家庭裡的氛圍是冷漠、疏離、疑懼，甚至不斷刮起各種風暴，不論父母或孩子都可能會有被傷害、被背叛、缺乏意義、孤單無助的挫敗感覺。

正如前一章所討論的，現代社會越來越複雜，親子關係也面臨著各種內在與外在的挑戰，要如何建立良好親子關係，化解各種衝突與危機，讓親子之間更親密，不斷淬煉、不斷成長，是現代父母很重要的功課。

我常把親子之間的依戀關係比喻成一個繫鈴與解鈴的關係，當孩子年紀還小，父母通常是主要的繫鈴人。我們把鈴鐺繫在孩子身上，就要負起教養和照顧的責任，若出現衝突或問題，父母要懂得解鈴之道，儘早把卡住的結打開，讓親子關係朝著正向發展。

教養孩子可說是一門藝術，而且是需要學習的藝術。當父母遇到教養困難時，可以透過閱讀好的親子教養書籍、跟親友交流經驗、上課、聽演講、宗教信仰的力量等

等，幫助自己找到愛的核心，以了解、尊重與接納來化解衝突。

如果父母因自覺乏力，而讓親子之間的糾結越來越深，可能就需要專業心理諮商人員的協助。

我曾經聽過一個故事。有一個非常威權且脾氣暴躁的父親，只要兒子不聽話，就把兒子吊起來痛打，一直打到兒子青春期，反抗離家為止。兒子成年之後，跟父母保持疏遠的距離，只有過年才短暫回家一趟，但內心創傷從未療癒，充滿憤怒與不安全感，親密關係也一直不順利，因為他從不相信任何人。

兒子四十歲那年，父親病危住院，在安寧病房的床邊，兒子想要跟父親和解，好不容易鼓起勇氣提到童年受虐的陰影與痛苦，沒想到父親氣得說不出話，用手勢要他滾出去，母親哭著罵他不孝，父親已經病成這樣，還故意惹父親生氣。

沒多久，父親就過世了。兒子原本希望能得到父親一點善意的回應，一句真心的「對不起」，但希望卻落空了。他在葬禮上不發一言，心中感到很空洞，童年的委屈和痛苦似乎求告無門，只能跟隨父親一起埋葬了。

在這個案例中，繫鈴人已經消逝遠離，憤怒和痛苦的

鈴鐺要如何解開？

　　或許，這就是心理治療可以介入的時刻。如果他一直緊緊抓住童年陰影不放，很可能將會取代父親，變成自己生命困局的繫鈴人；但這位兒子已經是成人，有足夠的生命能量和智慧成為自己的解鈴者。只要他願意面對困頓癥結，在心理治療專業者的協助下，逐步梳理內在情緒與癥結，體驗新的信任與依戀關係，學習寬恕和昇華，就有可能慢慢釋放心中的痛苦，把老舊而緊緊纏繫的鈴鐺解開，讓往後的人生變得快樂自由。

　　當然，每個家庭都不一樣。我透過幾個案例來說明繫鈴和解鈴之道，提供讀者們一些參考和提醒。

幫助孩子克服心理／精神的創傷

很多人以為小孩子很單純，什麼都不懂。事實上，孩子的心靈是很敏感的，家中發生的一切衝突和改變，對孩子的情緒和心理都可能造成影響，甚至產生創傷的記憶。

例如在一個家庭暴力的案例中，爸爸長期對媽媽和孩子施加暴力行為，媽媽不願意再忍受，終於帶著孩子逃離，並向法院申請離婚和保護令。在等待官司判決和法院強制執行的期間，未滿六歲年幼的孩子經常會有睡不著、作惡夢、哭鬧、不講話的表現，甚至，每次只要有人提到「爸爸」，孩子就顯露出惶恐不安的反應，緊緊黏在媽媽身邊，有嚴重的分離焦慮。

從這種種跡象看來，爸爸所帶來的家庭暴力經驗，已經在孩子心理上形成創傷的記憶。家人察覺孩子對爸爸驚懼不安的反應之後，在孩子面前就刻意不提「爸爸」這兩個字，如果要談到他，就用一個名稱來替代。

這是階段性可採行的方法，在孩子自處能力尚未發展足夠時，可以暫時減少孩子的不安與恐懼，讓孩子在感受安全保護中較平穩地繼續成長。倘若造成的心理創傷不嚴重，只要遠離暴力環境一段時間，孩子的情緒就會漸漸恢

復平穩。但若是已造成嚴重的心理創傷，就有可能持續長久地影響，父母的離異和生活的變動，也會在孩子心靈中留下印記。

當孩子漸漸長大，進入學校後，每當有老師或同學問起爸爸，孩子要如何回應？他會如何渴望理想中的父愛？日後如果有機會，孩子要如何面對爸爸？甚至有可能跟爸爸達成和解嗎？這些極其細膩糾結的心理過程，非常需要家人的關心和了解、持續的陪伴和梳理，也可能需要心理專業人員的協助。

這個案例中，父母的衝突很明顯，母方家人也敏銳地注意到孩子的反應。然而，在臺灣社會中更常見的狀況是，父母深陷自己的情緒中，並不覺察自己的家庭語言或肢體暴力行為已經傷害到孩子，直到孩子出現更嚴重的狀況，父母才恍然大悟。

曾經有一位六歲的小朋友被轉介到我的門診，他的症狀是反覆性的肚子痛、嘔吐，甚至吐膽汁，經過各項檢查與相關評估，排除了胃腸肝膽與腦神經的生理問題，轉介醫師推測他的病症反應是源自於心理方面的壓力，所以將他轉診到兒童精神科來。

起初，父母想不通孩子為何要看兒童精神科？經過

會談之後，才發現父母經常為大小事爭吵，動不動就說要離家或離婚，也常要孩子選邊站，觸發了孩子的焦慮與恐懼，引發身心症狀。治療上除了遊戲治療、短暫提供藥物減緩緊張並調節生理機能之外，最重要的是與父母進行家庭諮商治療，改善了父母的溝通相處及親子互動模式之後，孩子的病症就不再復發。

還有一類常見的狀況，是關於如何幫助孩子面對失落與哀傷，例如搬家、失去心愛的寵物、同學發生意外、親愛的家人離世等。

重要關係的失落，不論對成人或孩子來說，都是生命中的重大事件，需要慢慢走過一段哀悼的旅程，需要有人陪伴、傾聽、安慰、討論、互相支持、告別的儀式……。千萬不要以為孩子年紀還小，只要不談論、沒看到、不去參加喪禮就沒事，這樣往往忽略了孩子的感受，也剝奪了孩子宣洩憂傷、表達哀悼的機會。

為了幫助孩子，父母也需要學習面對生死課題，陪伴孩子一起經歷哀悼的旅程，對親子雙方來說，都是成長的契機。

看見孩子的需求與感受

有時候，孩子的行為出現狀況，不一定是因為親子關係出問題，也有可能是因為學校課業、老師、同儕關係、霸凌等等。

身為父母的責任，就是敏感於孩子的心理和情緒狀態，給予必要的支持，做孩子的依靠和後盾，幫助孩子解決並克服難關。如果父母缺乏這方面的能力，無法覺察並適時協助孩子，這些外在的困擾就可能蔓延到家中，變成親子之間的問題。

以下小東的故事是一個治療與輔導合作成功的案例，提供給讀者參考。

【重展笑顏的小東】

小東是小學三年級的孩子，媽媽帶他來心理衛生中心的起因是，他升上三年級時換了新導師，成績突然一落千丈，爸媽不論如何打他、罵他、監督他，成績都未見改善。媽媽與老師討論，老師認為小東在學校與同學相處不

好，上課時也不專心聽課，有時還故意跟老師唱反調，成績會下降是在預期之中，並建議媽媽帶小東接受輔導。

首次見到小東的印象是「他常躲在媽媽的背後」。與小東談話，發現小東在表達上有困難。媽媽表示，小東自小就有說話較不清楚的情況。在一、二年級，小東曾因為老師對他誤解而有要以頭撞牆的舉動。升上三年級後，換了新導師，小東有時會表示不想去上課，功課也開始漸漸退步。

據老師觀察，小東下課後很少跟同學玩。媽媽發現小東有時身上會有瘀傷，但不論如何詢問，小東皆表示是自己不小心跌傷的。至於上課不專心與或唱反調，老師認為小東是想引起注意。

初期評估發現，小東的智商頗高，他非常在意自己表達受限的情況。在與人初次交往的技巧上，小東表現得較不適應，對於人際交往充滿了暴力想法。經由玩偶的扮演遊戲，發現小東在學校常被高年級同學欺負；而二年級時被老師誤解的經驗，更讓小東覺得老師們都不喜歡他，不會相信他的話。

小東其實很自卑，認為自己長得太醜，所以大家都不喜歡他，又因為不太會講話，以致於所有的人都欺負自己。

　　由於前述的種種不愉快經歷，小東長期覺得很不快
樂，內心常充滿著忿恨不平的情緒，容易煩躁、發脾氣，
上課、寫作業都無法持久專心。他對自己的看法也是負面
居多，認為自己是壞孩子，缺乏自信。

　　過去，這些內在的情緒困擾，沒有人能夠了解，而小
東也不會表達，遂衍生出行為及學業方面的問題。

　　在了解小東的根本情緒問題及人際溝通障礙後，治療
師安排遊戲治療，協助小東宣洩憂傷、自卑、孤獨和憤怒
等負面情緒及感受，並且經歷到被尊重的經驗；透過玩偶
角色的扮演，演練社會技巧和衝突的處理，以及學習表達
人際交往中的感受和想法。

　　為了增進口語表達的能力，治療師請媽媽買一些好看
的故事書，在小東朗誦時，給他口頭上的鼓舞，並找機會
讓他練習表達自己的意見，在多次的鼓勵及成功經驗後，
小東再也不會覺得說話是件痛苦的事了。

　　另外，治療師請母親與老師溝通，在學校裡多多鼓勵
小東，讓小東發現只要做出適切的表達，老師並沒有他想
像中的不公平，也沒有不喜歡他。老師也特別跟高年級同
學溝通，不再欺負小東，讓小東漸漸放下防衛的盾牌，不
再以「別人會欺負我，所以我要先給他下馬威」的想法來

對待他人，學習跟同學輕鬆自在地互動。

經過十多次的個別治療和親職諮商，小東的情緒困擾漸漸消失，人際關係有明顯改善，學習動機增強，成績也提昇到他應有的水準。更重要的是，他發現媽媽是可以信賴和依靠的，知道爸爸媽媽都很關心他，會陪伴他一起面對困難，鼓勵他勇敢表達自己，親子關係變得非常融洽。煩悶憤怒的小東，在大家的協助下，逐漸展開笑顏，變成了快樂的小東。

以系統觀點來解決親子的衝突

對許多父母來說，養兒育女既是快樂的泉源，同時也是苦惱的淵藪。當親子關係甜蜜美好時，所有的辛勞都忘到九霄雲外，一切的付出都是值得的；但是，當親子關係陷入低潮，甚至衝突不斷，不但孩子感到痛苦，父母也會困惑迷惘，不知道問題出在那裡，為什麼彼此無法好好說話，甚至冷眼相向？

這時候，我們要如何改善親子關係，解開親子之間卡住的結？

每一個家庭內的親子緊張關係，都沒有簡單的答案。影響親子關係的因素眾多，從個體、家庭到整個社會都是環環相扣的，必須以整體系統的觀點來分析和評估，才能了解問題的所在。

舉例來說，有一位父親來到診間，怨嘆地說：「不曉得為什麼，我講的話，孩子都不聽。我也試圖想對孩子好一點，但是就好像『熱臉貼冷屁股』，他都愛理不理，每天放學，他就直接回房間玩電腦、做自己的事，有時候對長輩還出言不遜。他小時候滿乖的，為什麼長大會變這樣？越來越沒規矩，我真不知道該拿他怎麼辦。」

　　初步的會談後發現，這個青少年唸小學時是很聽話的，成績很好，算是資優生，父親屬於威權型，很盡心教導孩子，重視孩子的教育，對他期望很高。以前孩子願意服從父親的嚴格要求，現在如同他同齡的一般同伴，各項能力逐漸增長，很自然會渴望更多自主性，同時也開始受到同儕的影響，增強他反抗家長威權的行動。

　　當進一步探索其他可能的影響因素時，發現孩子其實有明顯的注意力不足過動症狀，小學時曾到精神科做過評估，但父母親不願意接受醫師的治療建議，因為擔心孩子有了病歷，會揹負被歧視的汙名。他們寧可採用嚴格監督、強力教導的方式，讓孩子維持期待中的學習成績。

　　小學功課比較單純，孩子的成績和人際關係都可以維持在一定水準，但也逐漸累積了一些壓抑和反抗的情緒，到了國中階段，考試增加、壓力增大，煩躁和衝撞的行為就開始爆發出來。

　　現代醫學研究發現，青少年的大腦發展仍在變化中，容易出現衝動和情緒調控的問題，他們不只要面對外在的課業壓力，還有身體賀爾蒙變動的挑戰。尤其是臺灣現今的教學環境中有許多僵化的體制與做法，孩子的自主性仍多遭受壓制，這些因素都會讓親子關係受到影響。

　　此外，電腦、網路遊戲也扮演推波助瀾的角色。當孩子情緒不安、不認同父母管教方式、想逃避學校的考試壓力時，很容易依賴網路遊戲的聲光和刺激來發洩情緒，藉著好玩又有趣的虛擬世界，忘卻現實生活的不快樂。父母親如果不了解孩子的情緒和壓力，只是一味批評孩子沈迷於玩電動，對於彼此的溝通與問題的改善毫無幫助。

　　這個案例告訴我們，親子衝突往往只是表象，背後存在著許多複雜交錯的因素，個人的狀況、家人間的互動、學校的體制、同儕的影響、現代科技與生活形態等等，都有著交互作用的關聯。父母親若能夠理解這一點，就不會太沮喪或挫折，以為孩子只是故意挑戰父母的權威而升起怒氣。在整體系統的觀點下，我們需要耐心一步一步走，一個一個環節慢慢疏通和處理。

　　在臨床上，我們一方面幫助父母檢視並調整管教方式和說話態度，一方面也要幫助孩子學習表達內心感受、紓解身心壓力，然後在親子之間搭起溝通的橋梁，針對學校課業的期待、休閒時間的安排、未來的升學選擇、彼此在表達上產生的誤解等，一起開誠布公地討論，一面做各種嘗試，一面不斷修正，目標是讓親子雙方更彼此了解、尊重、接納。

　　尤其當孩子進入青春期，已經朝向成年邁進，親子之間的關係很需要重新調整，父母要從全能而權威的「照顧者」和「養育者」角色，慢慢轉變成平等而親近的「支持者」和「輔助者」。這是父母必然要面對的心理調適，當孩子日漸成長，父母也必須要同步成長才行。

醫師小叮嚀

家庭是一個系統，由人跟人的「關係」所構成，各成員之間有不同的關連、互動與影響，親子衝突是系統出現問題的表徵，需要時間與耐性慢慢溝通、了解背後的成因。

以家族治療搭起親子之間的橋梁

傳統的文化觀念，有時候對親子關係也會變成一種捆綁。例如「重男輕女」的觀念，讓父母過度溺愛兒子、忽略女兒，造成手足之間的不滿和競爭，對父母也衍生出某些憤怒與心結；而養兒防老的「孝道」觀念，也可能讓兩代之間無法平等溝通，甚至阻礙了孩子追求自主的人生。

當傳統觀念跟現代社會的發展步調不一致，衝突往往就產生了。這時候，要如何化解呢？

我想到多年前的一個案例。有一位罹患焦慮症的老媽媽，因為照顧年邁的丈夫而心力交瘁，前來尋求治療。她經常感到孤立無援，因為獨生兒子常年定居國外，家中只剩兩老，先生脾氣又不好，讓她承擔很大的壓力。

後來，她的兒子趁著休假回臺探望父母，也陪媽媽來看病。

經過幾次的會談之後，發現這個兒子心裡有一個糾結，因為在傳統觀念裡，兒子應該要照顧父母，但是他在美國工作，沒有辦法負起奉養父母的責任，爸爸媽媽都不懂英文，不願意隨他搬到人生地不熟的國外，而且，就算父母搬過去，也不可能跟他住在一起，因為太太無法接

受。每次看到父母年邁，孤單守著一個空蕩蕩的家，他的心裡就升起自責和無奈，覺得自己非常不孝，做人失敗。

他也曾經想過，是否要舉家搬回臺灣，陪伴父母最後的時光，但事實上不可能。在臺灣要發揮所長並不容易，太太也有不錯的工作，不願意放下，還有小孩的教育問題，很多臺灣父母留在美國都是為了讓小孩得到更自由的教育。這麼多複雜的因素，讓他只能不斷自責，卻無法為父母做什麼事。

經由家庭會談治療的過程，他們各自傾談心路歷程、感受與想法，在信任的基礎上，充分的被同理，最後達成共同體認與諒解。

老一輩難免有養兒防老的觀念，很希望可以含飴弄孫、三代同堂，但也明白兒子在美國才有更好的發展，所以老父母的心中也是充滿矛盾的。透過一些引導和回饋，幫助他們回顧整個家族的歷史，父母親當年為了躲避戰亂，漂洋過海從中國大陸移民到臺灣，割捨對故鄉的依戀，努力在陌生國度裡落地生根，平安幸福地養育出優秀的下一代。

而今孩子長大了，勇敢高飛，在另一個異鄉的國度落腳，繼續傳承家族的血脈，為了第三代子孫而認真打拼。

雖然父母親和兒子生活在不同的時代、不同的國家,對傳統數代同堂的觀念與期待而言是有所遺憾。但是,他們想要追尋的目標卻是一樣的——為自己和下一代,創造更美好的未來。

因此,當兒子盡情發揮天賦、勇敢追求幸福的時候,並不需要感到愧疚,因為,這正是這個家族充滿愛與勇氣的精神。相信父母親也會深深祝福他,並且感到驕傲和欣慰的。現代科技發達,可以利用網路視訊等科技產品與父母親常連絡,表達關切,並把握可以相聚的時刻。

跟父母和解，也就是跟自己和解

「從我懂事起，我們家就充滿內戰的氣息。每天都聽到他們不停在爭吵，有時候還會打起來。為了逃離這個家，我很早就結婚，渴望擁有一個溫暖的家庭。沒想到，不到三年，我的婚姻就破碎了……」

「我五歲的時候，爸媽離婚了，在單親家庭中長大，帶給我很大的陰影。我甚至想，我這輩子不可能結婚，因為我根本不相信婚姻……」

「八歲那年，媽媽偷偷離家了。我每天坐在門口等媽媽，希望她會突然出現。從那時候起，憂鬱症就悄悄潛入我的心裡……」

「我爸媽很愛我，從小就把我照顧得無微不至。別人都很羨慕我，但是我很沒自信，因為我什麼都不會。有一段時間，我經常夢見自己快要窒息了。我很想跟爸媽說：『我已經長大了，請你們放手，讓我自由！』但卻說不出口，心中非常內疚，覺得自己不應該這樣說話……」

　　每一個成人都曾經是個孩子。在精神醫療的會談室裡，我們經常傾聽到各式各樣的童年故事，當時所受到的傷害，如果沒有機會彌補或治癒，長大之後可能還帶著昔日的痛楚和傷痕，影響成年之後的人生。

　　俗話說：「解鈴還需繫鈴人」，但面對親子衝突時，如果父母不覺得自己有錯、不願意改變，或者已經年邁、失智甚至過世了，繫鈴者無法主動來解鈴，該怎麼辦呢？

　　這時候，解鈴的工作就要回到自己手上。如果能夠面對過去的陰霾，適當區隔人、事、時、空與情緒的糾結，就可以帶著清爽的自信，創造更美好的未來。甚至釋放它，跟自己及父母和解，邁向更圓融的階段。

【跟媽媽和解的小如】

　　小如十歲的時候，爸爸因為外遇，跟媽媽離婚了。爸爸很快就有了新的家庭，媽媽非常生氣，一天到晚咒罵爸爸沒良心，她和妹妹經常掃到颱風尾。尤其是小如，個性和長相都比較像爸爸，因而成了媽媽發洩怒氣的對象。媽

媽不會打人，但言語非常激烈，常批評她們姊妹倆沒用、不負責任、掃把星，連跟爸爸撒嬌都不會，只會哭鬧和頂嘴，難怪爸爸不要她們，似乎媽媽今日的痛苦都是她和妹妹造成的。

小如在可怕的家庭氣氛下長大，雖然很想同情媽媽，但是又很想要逃離媽媽的身邊。考大學的時候，兩姊妹都故意選擇離家比較遠的學校，找到藉口搬出去，終於得以喘口氣。

而今，小如已經三十多歲，媽媽卻依然沒有改變。媽媽很沒有安全感，要求小如每個月都要拿錢回家，只要延遲一、二天，媽媽就打電話到辦公室來催。媽媽的身體有點病痛，也會要求小如請假，帶她去看病。每次一見面，媽媽就再次講起她多麼辛苦才把兩個女兒養大，但女兒卻不懂得孝順，從不體諒她等等。

小如的妹妹早已跟媽媽翻臉，不願回應媽媽的情緒勒索。小如卻無法狠下心這麼做。她漸漸明白媽媽經歷離婚的創傷時，應該出現了憂鬱症的反應，但一直沒有就醫，經過二十多年，倔強的媽媽更不可能承認自己的情緒有問題。媽媽的傷痕一直沒有痊癒，才會造成今日的扭曲。

小如無法改變或拯救媽媽，但也無法棄媽媽於不顧。

她努力學習接納媽媽真實的樣子，體諒媽媽的不快樂和不完美，並且疼惜媽媽過去所承受的苦楚。經過多年來的嘗試，她已經不再輕易被媽媽激怒，並且學會跟媽媽保持適度的距離，不太遠也不太近，以一種成年人的友善態度跟媽媽和平相處。她相信，她和媽媽之間，已經逐漸踏上了和解的道路。

醫師小叮嚀

曾經在家庭、親子關係中受傷的成年人，若能自覺與面對生命的癥結，尋求幫助與和解，就有機會獲得「重生」，成為自己的解鈴人。

創造良好親子關係的十帖良方

　　前面提到，親子依戀關係是一生的牽繫，「從受胎開始，到雙方均消失為止」。親子關係不論是美好或傷害，對我們每個人都影響重大。

　　站在「預防勝於治療」的立場，我們最好從孩子小時候就開始努力創造良好的親子關係，不要等到親子之間出現問題再來亡羊補牢。

　　為了達成親子關係的協調，有十個重要的相處原則，提供父母親們參考。

　　一、**真心的接納與關懷**：天下沒有完美的父母，也沒有完美的小孩。更貼切的是，每個人都充滿大小不等的不足與缺陷。每個孩子都有自己的個性、想法和天賦所在，雖然不一定符合父母的期待，但父母要學習真心的接納孩子，並且付出關懷。不要拿孩子跟別人比較，也不要一直批評孩子，更不要因為忙碌而忽略孩子。當孩子感受到父母的接納與關懷，就會擁有信任與自信的基礎，親子之間也會其樂融融。

　　二、**適切的擁抱和讚美**：傳統的東方人比較含蓄、保

守，在家庭裡很少彼此表達讚美，也很少有親暱的身體接觸，但其實這是很好的互動，學習適時自然地「抱一下」、說一聲「我愛你」，不論對小孩或大人都很好、很有幫助。

　　不過，等孩子較大，尤其是到了青春期，要注意孩子的反應。有些青少年不喜歡被摸頭、不願意在肢體上太親暱，藉此顯示自己長大了，此時父母需要接納並尊重他們的感受。

三、**寬恕、不記恨**：家人之間難免有衝突、生氣吵架、會犯錯，這是很正常的現象，但有一個很重要的原則，就是不要記恨，需要試著學習寬恕和原諒，大人小孩都一樣。千萬不要老是翻舊帳，一直數落對方「你每次都這樣」、「你一定會把我的東西弄壞」、「你最愛騙人」、「我不相信你」、「你總是不乖，所以不帶你出門」……一直重複提醒對方的錯誤，只會讓彼此不舒服，毫無益處。

四、**「同理心」的聆聽與溝通**：同理心就是當家人難過或發脾氣時，站在對方的立場，去理解對方的感受。例如小孩子跌倒了，嚎啕大哭，大人千萬

不要一開口就罵：「叫你不要跑那麼快，你都不聽」、「看你下次還敢不敢這樣亂爬亂跳」、「男孩子要勇敢，不要哭」，或者神經很大條地嘲笑孩子。最好的方法就是抱抱孩子，看看他有沒有撞傷，同理地說：「一定很痛吧！」孩子知道父母了解他的感受，情緒就得到安慰，反而很快就忘了痛。等孩子平靜之後，再耐心教導避免意外的方法。

五、**容許孩子冒險與探索**：過度保護孩子，不是好事，可能會讓孩子失去成長的機會。就像孩子在學走路、學騎腳踏車、學溜冰的時候，難免會跌跤，這是正常的學習過程。只要沒有大礙，且在安全範圍內，就不要剝奪孩子成長和探索的機會，甚至可以多鼓勵孩子多方嘗試。例如參加各種夏令營，體驗學習新事物的樂趣。

六、**以包容心看待差異**：每個孩子都是獨立的個體，即使是同一個家庭的兄弟姊妹，可能個性、能力和興趣都不一樣。有的孩子活潑好動，有的文靜內向，有的孩子細膩貼心，有的粗枝大葉，有的功課好，有的總是墊底，有的體育很棒，有的天

生笨拙，身為父母要以公平的態度來看待、欣賞
每個孩子的特質，包容彼此之間的差異。尤其當
孩子逐漸長大，越來越有自己的想法和選擇，可
能在興趣、職業、認同的球隊和政黨，都跟父母
不一樣。要成為融洽和樂的一家人，彼此的包容
心就非常重要。

七、**放下名利和執著：**父母難免有望子成龍、望女成
鳳的心理，希望孩子優秀出眾，受人誇讚。有些
父母還會不斷宣揚孩子的成就，每次同學會或家
族聚會就把孩子當主角，公開稱讚孩子的功課
好、才藝棒、考上好學校或比賽得獎之類，但孩
子不一定會喜歡。

　　孩子需要的是愛，而不是變成父母的面子。
只要放下名利的執著，父母就會發現，不論是聰
明的、平凡的或者弱智、有缺陷的孩子，都同樣
值得被愛，都可以帶給家庭許多親密的快樂。

八、**避免暴力和情緒勒索：**不快樂的父母經常會不自
覺地傷害孩子。例如把憤怒和挫折感變成暴力，
施加在孩子身上，或者把孩子當作救贖者和垃圾
桶，不斷跟孩子訴苦，抱怨自己人生的不幸，期

待孩子聽話貼心，站在自己的這一邊。如果孩子表現不如預期，父母就控訴孩子不孝、哀嘆自己的付出沒有回報，甚至以恫嚇、勒索、控制、嘮叨的方式，要子女為他們的悲慘情緒負責。

這類的父母內心很缺乏愛和安全感，甚至帶著許多傷痕。他們其實很需要專業的協助，幫助他們脫離負面情緒的漩渦，改變扭曲的認知系統，才不會把孩子變成犧牲品，把親子關係推得越來越遠。如果身為父母者可以提升自覺，勇敢面對自己的問題，踏上療癒之路，親子之間的衝突就會大大降低，讓愛浮現。

九、**放下完美主義和過度期待**：有些父母成長於辛苦貧窮的年代，靠著不斷的努力而功成名就，因此常常以自己追求完美的歷程來勉勵孩子，期待孩子跟自己一樣。當孩子沒辦法達成要求，父母往往很納悶，覺得現代的孩子這麼幸福，要什麼有什麼，為何變得如此軟弱。

其實，不同時代的孩子，面對的問題本來就不一樣。現代社會雖然物質生活豐盛無虞，但卻複雜許多。而且面對多元化的社會，孩子本來就

會有更豐富的資訊刺激和人生選擇，其中的壓力
和困惑，是很多父母不易瞭解且無法體會的。所
以父母要學習放下過於主觀的偏見和期待，了解
現代多元開放的觀念，多傾聽孩子的心聲，鼓勵
孩子發掘自己的天賦，找到最適合的人生道路。
這是現代父母很重要的學習功課。

十、**多點幽默及正向思考**：不論父母或小孩，每天的
生活難免碰到壓力、困難和挫折，這時候，幽默
感和正向思考就非常重要。例如有一對夫妻在
吵架，氣呼呼的媽媽突然轉頭問小兒子：「你
說，爸爸和媽媽誰比較有道理？你會站在哪一
邊？」孩子想了一下，聳聳肩說：「我會……站
旁邊！」

　　原本劍拔弩張的父母聽到孩子無厘頭的回
答，突然哈哈大笑，氣就消了。夫妻終於可以恢
復輕鬆和正面的態度，化解彼此的衝突和情緒。

　　幽默感和正向思考是需要培養的。一般孩子
天生都具有幽默的能力，父母只要逗逗嬰兒，嬰
兒就會咯咯地開心大笑；孩子會跑、會跳、會講
話之後，更是幽默大師，喜歡玩遊戲、講笑話，

一點小事都可以讓孩子笑開懷。如果父母自認缺乏幽默感，可以拜孩子為師，向孩子學習輕鬆快樂的態度，讓家裡的氣氛充滿好玩的樂趣。家人共同欣賞幽默的戲劇、影片與笑話，相互正向的鼓勵，利用社會中許多正向支持的資源，如書籍、網路資訊、公益團體、大眾教育或休閒活動等，都是很有幫助的做法。

以儉樸生活營造健康的親子之愛

　　美好的親子關係是需要付出時間來經營的。但現代社會的壓力很大，大人小孩往往都陷入緊張忙碌的漩渦，家人之間甚至每天講不到幾句話，根本沒有親子相處、快樂玩耍談心的時間，這樣的親子關係品質要如何維持呢？

　　尤其許多父母看到孩子，一開口就只會問「功課寫了沒？」「考試怎麼樣？」「玩具有沒有收好？」而不是關心孩子本身。父母自己也被外在的種種事物追著跑，沒時間沈澱下來問問自己：生命最重要的是什麼？是否該重新排序一下？

　　現代社會過度重視物質成就，資本主義競爭全球化是造成神經系統緊張、焦慮、壓力的深層因素，導致壓力相關的心理疾病與困擾比例明顯增多。人類文明演化越紛雜，物質慾望越擴張，卻不見得帶來更多幸福。

　　過多的競爭、忙碌、物質刺激和成就壓力，很可能會超乎人類心靈和神經系統的負荷。或許，現代家庭最需要的，是回歸到比較儉樸的生活形態，加班少一點、課業輕一點，關掉電視電腦和手機，讓家人坐在一起吃吃飯、聊聊天、玩遊戲、講故事；週末的時候全家人一起去爬爬

山、騎腳踏車、賞花、玩水,在大自然裡釋放身心壓力,
讓親子共享快樂與歡笑。

【結語】

你今天說好話了嗎？

俄國大文豪托爾斯泰曾經寫下這樣的名句：「幸福的家庭都是相似的，不幸的家庭卻各有各的不幸。」

什麼是幸福的家庭呢？我想，最簡單的答案，就是能夠用真心和善意來對待每天朝夕相處的家人，看見對方的好，並且不吝惜表達關心和讚美。

越是親近的人，越要記得對彼此說好話。一句好話的力量，勝過十句抱怨與批評。

所謂「好話」並不是阿諛或討好，而是一種真誠的溝通，願意耐心傾聽，給予鼓勵、忠告和回饋，用溫暖窩心的態度讓彼此更靠近。

我們經常對外人和朋友很包容，對家人卻很嚴格。若要創造美好的親子關係，從今天起，就要改變這樣的習慣。最簡單的第一步，就是從「說好話」做起。

如果親子之間已經出現衝突和裂痕，該怎麼辦呢？

正如我們前面提到的，親子依戀關係是「從受胎開始，到雙方都消失為止」。只要我們還活著，這份親情的牽繫就依然存在，所以和解之路永遠不嫌晚。

　　我很喜歡一句話：「每個人都會犯錯，能原諒乃臻至善。」在漫長的人生旅途中，我們不斷在學習，學習面對痛苦、修正錯誤、解決問題，也要學習原諒與和解。

　　人非聖賢，在親子互動的過程中，犯錯是難免的，最重要的是要勇於認錯，當負面情緒掩蓋理性時，儘快冷靜下來，自我反省，努力修補，重新學習與家人正向溝通，表達歉意、愛、關心與感謝，讓過去的傷痕早日撫平。

　　所以，你今天對家人說好話了嗎？

　　祝福所有的家庭都可以不斷成長，在親子關係中體會生命的豐富和美好。

【附錄】

延伸閱讀

- 《快樂童年好EQ ——培養開朗自信的孩子》，2014，商志雍，心靈工坊。
- 《0～2歲寶寶想表達什麼？》，2012，蘇菲‧波斯威爾、莎拉‧瓊斯、麗莎‧米勒（Sophie Boswell、Sarah Gustavus Jones、Lisa Miller），心靈工坊。
- 《3～5歲幼兒為何問不停？》，2012，露薏絲‧艾曼紐、萊絲莉‧莫羅尼（Louise Emanuel、Lesley Maroni），心靈工坊。
- 《6～9歲孩子，為何喜歡裝大人？》，2012，柯琳‧艾維斯、碧蒂‧由耶爾（Corinne Aves、Biddy Youell），心靈工坊。
- 《10～14歲青少年，你在想什麼？》，2012，芮貝佳‧伯格斯、瑪格瓦‧戴爾（Rebecca Bergese、Margot Waddell），心靈工坊。
- 《好父母是後天學來的》，2012，王浩威，心靈工坊。
- 《給媽媽的貼心書》，2009，唐諾‧溫尼考特（Donald W. Winnicott），心靈工坊。
- 《孩子如何成功：讓孩子受益一生的新教養方式》，2013，保羅‧塔夫（Paul Tough），遠流。
- 《教養不是作戰》，2013，蘇珊‧史帝佛曼（Susan Stiffelman），大好書屋。
- 《不失敗父母》，2013，山谷修，文經社。
- 《法國媽媽的從容教養100招》，2013，安妮‧芭居絲（Anne Bacus），如何出版。

- 《媽媽必修的不完美學分》，2012，梅格‧米克（Meg Meeker），遠流。
- 《P.E.T 父母效能訓練》，2012，湯瑪斯‧高登（Thomas Gordon），新雨。
- 《勇於管教》，2012，詹姆斯‧杜布森（James C. Dobson），愛家文化。
- 《小孩的宇宙》，2011，河合隼雄，天下雜誌。
- 《走進小孩的內心世界》，2011，河合隼雄，天下雜誌。
- 《教養，無所不在》，2011，李偉文，遠流。
- 《這樣教，小皇帝變成好孩子》，2011，
  麥可‧溫特霍夫（Michael Winterhoff），野人文化。
- 《做孩子的心靈捕手》，2010，阿部秀雄，世茂。
- 《用對方法，教出懂事小孩》，2010，
  伊莉莎白‧潘特利（Elizabeth Pantley），信誼。
- 《每個孩子都能學好規矩》，2009，
  安妮特‧卡斯特尚（Annette Kast-Zahn），天下雜誌。
- 《正面教養，我把孩子變乖了》，2009，艾倫‧凱茲丁（Alan E. Kazdin），
  新手父母。
- 《慢的教育》，2008，卡爾‧歐諾黑（Carl Honore），大塊文化。
- 《媽媽是最初的老師》，2007，蔡穎卿，天下文化。

臺大醫師到我家‧精神健康系列

跟孩子更親近：親子關係的淬煉與成長
To Become More Intimate with Our Kids:
overcomimg challenges throughout the development
of parent-child relationship and getting more mature

作　者—丘彥南（YEN-NAN CHIU）

總 策 劃—高淑芬
主　　編—王浩威、陳錫中
合作單位—國立臺灣大學醫學院附設醫院精神醫學部
贊助單位—財團法人華人心理治療研究發展基金會

出 版 者—心靈工坊文化事業股份有限公司
發 行 人—王浩威　　　總 編 輯—王桂花
文稿統籌—莊慧秋　　　主　　編—黃心宜
文字整理—陳怡樺　　　特約編輯—王祿容
美術編輯—黃玉敏　　　內頁插畫—吳馥伶

通訊地址—106 台北市信義路四段53巷8號2樓
郵政劃撥—19546215　　戶名—心靈工坊文化事業股份有限公司
電話—02）2702-9186　　傳真—02）2702-9286
Email—service@psygarden.com.tw
網址—www.psygarden.com.tw

製版‧印刷—中茂製版分色印刷事業股份有限公司
總經銷—大和書報圖書股份有限公司
電話—02）8990-2588　　傳真—02）2990-1658
通訊地址—242台北縣新莊市五工五路2號（五股工業區）
初版一刷—2016年1月　ISBN—978-986-357-053-0　定價—240元

國家圖書館出版品預行編目（CIP）資料

跟孩子更親近：親子關係的焠鍊與成長／丘彥南作. —— 初版. —— 臺北市：
心靈工坊文化，2016.01
　　面；公分（MentalHealth；14）（臺大醫師到我家，精神健康系列）
　　ISBN 978-986-357-053-0（平裝）

　　1. 親職教育　2. 親子關係

528.2　　　　　　　　　　　　　　　　　　　　　104028980

心靈工坊 PsyGarden　書香家族　讀友卡

感謝您購買心靈工坊的叢書，為了加強對您的服務，請您詳填本卡，
直接投入郵筒（免貼郵票）或傳真，我們會珍視您的意見，
並提供您最新的活動訊息，共同以書會友，追求身心靈的創意與成長。

書系編號─MH 014　　書名─跟孩子更親近：親子關係的淬煉與成長

姓名　　　　　　　　　　是否已加入書香家族？ □是　□現在加入

電話（O）　　　　　　（H）　　　　　手機

E-mail　　　　　　　　　　　　生日　年　　月　　日

地址 □□□

服務機構（就讀學校）　　　　　　職稱（系所）

您的性別─□ 1. 女 □ 2. 男 □ 3. 其他

婚姻狀況─□ 1. 未婚 □ 2. 已婚 □ 3. 離婚 □ 4. 不婚 □ 5. 同志 □ 6. 喪偶
□ 7. 分居

請問您如何得知這本書？
□ 1. 書店 □ 2. 報章雜誌 □ 3. 廣播電視 □ 4. 親友推介 □ 5. 心靈工坊書訊
□ 6. 廣告 DM □ 7. 心靈工坊網站 □ 8. 其他網路媒體 □ 9. 其他

您購買本書的方式？
□ 1. 書店 □ 2. 劃撥郵購 □ 3. 團體訂購 □ 4. 網路訂購 □ 5. 其他

您對本書的意見？
封面設計　　　　□ 1. 須再改進 □ 2. 尚可 □ 3. 滿意 □ 4. 非常滿意
版面編排　　　　□ 1. 須再改進 □ 2. 尚可 □ 3. 滿意 □ 4. 非常滿意
內容　　　　　　□ 1. 須再改進 □ 2. 尚可 □ 3. 滿意 □ 4. 非常滿意
文筆／翻譯　　　□ 1. 須再改進 □ 2. 尚可 □ 3. 滿意 □ 4. 非常滿意
價格　　　　　　□ 1. 須再改進 □ 2. 尚可 □ 3. 滿意 □ 4. 非常滿意

您對我們有何建議？

10684 台北市信義路四段 53 巷 8 號 2 樓
讀者服務組　收

免　貼　郵　票　　　　　　　　（對折線）

加入心靈工坊書香家族會員
共享知識的盛宴，成長的喜悅

請寄回這張回函卡（免貼郵票），
您就成為心靈工坊的書香家族會員，您將可以——

隨時收到新書出版和活動訊息

獲得各項回饋和優惠方案